Intercâmbio
"Manual" de sobrevivência

Editora Appris Ltda.
1.ª Edição - Copyright© 2021 dos autores
Direitos de Edição Reservados à Editora Appris Ltda.

Nenhuma parte desta obra poderá ser utilizada indevidamente, sem estar de acordo com a Lei nº 9.610/98. Se incorreções forem encontradas, serão de exclusiva responsabilidade de seus organizadores. Foi realizado o Depósito Legal na Fundação Biblioteca Nacional, de acordo com as Leis nos 10.994, de 14/12/2004, e 12.192, de 14/01/2010.

Catalogação na Fonte
Elaborado por: Josefina A. S. Guedes
Bibliotecária CRB 9/870

M867i
2021

Moro, Bianca
Intercâmbio : "manual" de sobrevivência. - 1. ed. - Curitiba : Appris, 2021.
227 p. ; 23 cm. (Artêra)

ISBN 978-65-250-0319-1

1. Ficção autobiográfica. 2. Intercâmbio educacional. 3. Intercambio social. I. Título. III. Série.

CDD – 809.382

Appris
editora

Editora e Livraria Appris Ltda.
Av. Manoel Ribas, 2265 – Mercês
Curitiba/PR – CEP: 80810-002
Tel. (41) 3156 - 4731
www.editoraappris.com.br

Printed in Brazil
Impresso no Brasil

Intercâmbio
"Manual" de sobrevivência

BIANCA MORO

Appris editora

FICHA TÉCNICA

EDITORIAL	Augusto V. de A. Coelho
	Marli Caetano
	Sara C. de Andrade Coelho
COMITÊ EDITORIAL	Andréa Barbosa Gouveia (UFPR)
	Jacques de Lima Ferreira (UP)
	Marilda Aparecida Behrens (PUCPR)
	Ana El Achkar (UNIVERSO/RJ)
	Conrado Moreira Mendes (PUC-MG)
	Eliete Correia dos Santos (UEPB)
	Fabiano Santos (UERJ/IESP)
	Francinete Fernandes de Sousa (UEPB)
	Francisco Carlos Duarte (PUCPR)
	Francisco de Assis (Fiam-Faam, SP, Brasil)
	Juliana Reichert Assunção Tonelli (UEL)
	Maria Aparecida Barbosa (USP)
	Maria Helena Zamora (PUC-Rio)
	Maria Margarida de Andrade (Umack)
	Roque Ismael da Costa Güllich (UFFS)
	Toni Reis (UFPR)
	Valdomiro de Oliveira (UFPR)
	Valério Brusamolin (IFPR)
ASSESSORIA EDITORIAL	Lucas Casarini
REVISÃO	Luana Íria Tucunduva
PRODUÇÃO EDITORIAL	Gabrielli Masi
DIAGRAMAÇÃO	Yaidiris Torres
CAPA	Sérgio Campante
COMUNICAÇÃO	Carlos Eduardo Pereira
	Débora Nazário
	Kananda Ferreira
	Karla Pipolo Olegário
LIVRARIAS E EVENTOS	Estevão Misael
GERÊNCIA DE FINANÇAS	Selma Maria Fernandes do Valle
COORDENADORA COMERCIAL	Silvana Vicente

Para meu irmão João

Em memória do nonno Ermanno

Un guerrero solo vive dos veces
una para sí mismo
una para sus sueños.

Los años idos
y la vida parece taimada
hasta que un sueño aparece
y LIBERTAD es su nombre.

La libertad es un extraño
que señaliza el camino
no pienses en el peligro
o el extraño se habrá ido.

Este sueño es para ti
por lo que ¡ paga el precio!
has de este sueño una realidad.

Un guerrero solo vive dos veces.

(Carlos Castaneda)

Um guerreiro só vive duas vezes.
Uma para si
Outra para seus sonhos
Os anos passam
e a vida parece fora de rumo
até que aparece um sonho
e LIBERDADE é seu nome.
A liberdade é um ser estranho
que aponta o caminho
Não se pode pensar sobre o perigo
ou o estranho desaparece
Esse sonho é feito pra você
Por isso, pague o preço
para concretizá-lo!
Um guerreiro só vive duas vezes.

(Carlos Castaneda)

Este livro é uma obra de ficção. Nomes, personagens, lugares incidentes são produtos da imaginação da autora e foram usados de forma fictícia. Qualquer semelhança com pessoas reais, vivas ou não, negócios, empresas, acontecimentos ou localidades, é mera coincidência.

Sumário

Capítulo 1
Bem-vindo a Londres / 11

Capítulo 2
Conquistar novos amigos / 39

Capítulo 3
Como dizer não para o álcool / 67

Capítulo 4
Não confie em todo mundo / 87

Capítulo 5
Conviver com diferenças / 111

Capítulo 6
Pare de criticar os outros / 147

Capítulo 7
Sexo, drogas e rock & roll... Quase isso / 159

Capítulo 8
Outras maneiras de aprender inglês / 179

Capítulo 9
Nada é para sempre / 199

Capítulo 10
De volta para casa / 225

Capítulo 1
Bem-vindo a londres

Desde os meus 12 anos, pedia aos meus pais para fazer intercâmbio e eles sempre respondiam que não, porque consideravam perigoso viver na casa de estranhos. Acho que foi culpa do Gen, filho do japonês, que contou a mamãe que, no intercâmbio para os Estados Unidos, viveu em um celeiro; já a irmã dele foi extorquida pela família que a recebeu. Mas eu acreditava que experiências negativas em intercâmbio eram exceções.

Todos os anos, viajávamos para os Estados Unidos ou Europa. Era divertido, mas ficava um pouco frustrada porque a minha comunicação em inglês era limitada. Sabia pedir comida, orientar um taxista para chegar a algum endereço, mas não conseguia fazer amizades. Eu queria muito falar inglês fluentemente.

Quando completei 18 anos, pedi de presente de aniversário um intercâmbio em Londres. Para minha surpresa, meus pais concordaram. Minha avó tinha falecido há pouco tempo. Morava conosco. Não éramos muito próximas, mas fiquei muito abalada. Acho que foi por isso que meus pais concordaram. Enquanto todos os meus colegas da escola iriam se preparar para entrar na universidade, eu iria para Londres estudar inglês. Era inacreditável. Eu tinha me livrado do vestibular e de toda aquela chatice da escola.

Estudei a vida inteira em uma instituição católica. Se você não cumprisse as regras, seria "mandado para o inferno". Quem disse que eu acreditava naquilo? E quando as freiras discriminavam as crianças, eu ficava furiosa. Os adultos acham que as crianças não percebem essas coisas. Apesar de não saberem colocar nome nos fatos, têm uma imensa sensibilidade para perceber quando estão sendo hostilizadas. Lembro que os filhos dos médicos e autoridades sempre tinham os melhores papéis nas peças de teatro. Depois descobri que faziam doações para a escola. Cheguei no máximo a ser anão na peça da Branca de Neve.

No dia da despedida, meus pais me acompanharam até o aeroporto. Estava nervosa. Era a primeira vez que viajava totalmente sozinha para o exterior. Fizeram inúmeras recomendações e pediram para eu ter cuidado, principalmente com a questão das drogas e bebidas alcoólicas. Em relação a esse assunto, sempre estive muito segura da minha total falta de interesse. Quando criança, convivi com um amigo de meus pais que lutava contra o vício em cocaína. Seus filhos eram meus melhores amigos e, em várias madrugadas, fugiam para nossa casa em busca de abrigo com medo de serem agredidos ou mortos pelos ataques de fúria de um pai tomado pelo vício. Minha mãe dizia que ele bebia muito, mas um dia falou a verdade para me alertar da infelicidade que as drogas podem trazer para a saúde de uma pessoa e suas consequências para a família.

Antes da viagem, a agência de intercâmbio pediu para eu telefonar para a família que me acolheria por quase um ano. Foi necessário ligar educadamente para a minha *host mother*[1], *Ms. Marshall*. Foi uma experiência estranha, porque a pessoa que me atendeu ao telefone parecia estar falando outro idioma que não era inglês. Eu estudava inglês americano desde os 8 anos de idade.

— Alô, é... *Hello! My name is* Júlia — falei, nervosa.

— *Hi*, Júlia — respondeu alguém com voz feminina.

— *Are usted the Brazilian girl?* — era um sotaque estranho, talvez espanhol, não sabia identificar.

---

[1] *Host mother* é a anfitriã que recebe estudantes de intercâmbio.

Como uma pessoa com sotaque exótico, falava mal inglês, e havia dito a palavra *usted*? Fiquei desconfiada. Talvez meus pais tivessem razão, mas agora tudo já estava pago. Havia desejado tanto aquilo que não poderia voltar atrás.

— *Yes, I am Brazilian, are you Ms. Marshall?*[2]

— *No, she is not here, but we are waiting for you.*

— *Ok, thank you. See you on Sunday* — encerrei rapidamente a ligação.

Fiquei desconfiada. Talvez eu estivesse me metendo em uma roubada. Será que a tal de *Ms. Marshall* existia? A agência havia informado que ela era enfermeira e aceitava estudantes em casa há mais de cinco anos. Já era tarde para me sentir insegura. Meus pais jamais saberiam que eu estava com medo.

Para melhorar o espírito, comecei a imaginar como seria a cor da casa. Tinha certeza de que seria confortável e minha *host mother* seria amável, porque em geral os ingleses são delicados. Eu chegaria no início de fevereiro, uma época muito fria, mas a casa deveria ter calefação. Além da hospedagem, também estava incluso o serviço de café da manhã e jantar. Sonhei que as refeições seriam maravilhosas: café da manhã e jantar gostoso acompanhados de boas conversas.

***

O voo para Londres foi longo; de Belém[3] a São Paulo, foram praticamente seis horas, por conta das escalas. Em Guarulhos, esperei quatro horas para fazer o check-in internacional. Sentia frio na barriga. Caso encarasse alguma situação complicada, nem entraria na casa, voltaria na mesma hora para o Brasil.

— Passaporte — disse a atendente da companhia aérea.

— Posso escolher meu assento? Quero ficar no corredor. Preciso ir com muita frequência ao banheiro.

Aos 15 anos, tive um trauma em um voo com meus pais para Londres, com conexão em Frankfurt. Tinha me sentado na janela, mas no meio, ao meu lado, havia um alemão tão grande que me impediu de me levantar por toda

---

[2] O diálogo indica que alguém ao telefone pergunta se ela é brasileira e que a estão esperando. Usa palavras misturadas em espanhol e inglês.

[3] Belém: é uma metrópole localizada no Norte do Brasil pertencente à região amazônica. Foi fundada pelos portugueses em 1616, ficou conhecida pelo ciclo da borracha no final do século XIX e início do século XX, quando se tornou, junto com a cidade de Manaus, um dos maiores exportadores desse produto no mundo. Sua população no ano 2000 era estimada em 1.280.614 habitantes.

a viagem. Além disso, o *chulé* do homem parecia um queijo podre. Quando chegamos à Alemanha, parecia que minha bexiga ia estourar. Desde então, adotei a atitude de uma velhinha, exigindo sempre assento no corredor.

— Senhorita, seu assento está marcado. Boa viagem.

Entrando no avião, identifiquei o lugar que seria meu por 12 horas. O casal de passageiros que estava sentado na mesma fileira que eu nem respondeu ao meu *boa noite*. Fiquei arrependida por ser educada e pensei: imagina se esses *empinadinhos* estivessem na primeira classe? No Brasil, é sempre assim durante os voos internacionais: tem uns babacas que pensam que são melhores que os outros só porque podem viajar para o exterior. Cansada, precisava acomodar minha mochila e pedi ajuda ao comissário de bordo. Foi quando levei um grande fora.

— Moço, pode me ajudar a colocar minha mochila no maleiro? — falei para o inglês careca, vestido de comissário.

— Mocinha, eu não sou pago para fazer isso. Carregue você.

Não custava nada ele dar uma forcinha, mas depois que vi como os passageiros tratavam a tripulação, eu o perdoei. O voo foi tranquilo. Na escuridão e no frio do avião, relaxei e dormi. Quando acordei, faltavam quase duas horas para chegar a Londres.

Quando o avião aterrissou no aeroporto de Heathrow, percebi que a aeronave não havia parado na área que continha os *fingers*[4]. Sempre ficava chateada com essa situação de pegar os ônibus, pois demora muito mais para sair do aeroporto. Estava ansiosa para conhecer minha casa em Londres e a família que iria me receber. De repente, o comandante avisou que todos deveriam permanecer sentados em nossos lugares. Ninguém deveria se mexer. As portas se abriram e entraram policiais por todos os lados.

Os policiais vieram na minha direção, será que o problema era eu? Pareciam olhar diretamente para minha cabeça. Um deles começou a dizer algo em inglês que eu não entendi. Fechei instintivamente os olhos. Quando abri novamente, dois rapazes sentados atrás de mim foram presos. No caminho para as escadas, vi uma aeromoça falando português.

— Bom dia, poderia me dizer o que aconteceu? Fiquei assustada, eles estavam sentados atrás de mim.

— Bom dia. Não se preocupe, está tudo bem — disse uma aeromoça brasileira. E falou sussurrando: — São dois caras do Leste Europeu. Acharam

---

[4] Pontes de embarque tipo túnel nos aeroportos.

drogas no hotel em que estavam hospedados em São Paulo e avisaram a polícia. Vá tranquila e boa sorte.

— Obrigada. Tchau.

Foi um momento horrível, pois testemunhei duas prisões dentro do avião. Não foi nada divertido. Tinha viajado 12 horas na frente de dois bandidos. Como a companhia aérea poderia deixar os passageiros tão vulneráveis? E se eles tivessem feito algo dentro do voo?

Passado o susto, fui para a fila da imigração, que estava cheia. Junto com o passaporte, mostrei a carta da escola em que ia estudar, além do endereço da família. Falei que estudaria inglês por quase um ano. O atendente carimbou o passaporte com um aviso. Eu deveria me registrar na polícia em até sete dias. Era o procedimento para receber um visto de estudante.

Segui em direção às malas. Eram duas: uma continha roupa de inverno e a outra, de verão. Com todas as minhas malas no carrinho, fui em direção à saída. Do lado de fora, alguém estava segurando uma placa com meu nome. Era um senhor alto, com barba branquinha feito algodão.

— Senhor, sou Júlia Ribeiro.

— Olá, Júlia, sou Thomas Cooper. Sou o motorista da escola. Vamos esperar as outras chegarem; vou levar mais duas estudantes com você.

Dentro do carro, as meninas estavam com dificuldades para comunicarem-se em inglês. Por isso, tomei a iniciativa de ajudá-las.

Era tão bom saber falar outra língua, mesmo com dificuldade. Ao chegarmos à primeira casa, uma família do lado de fora esperava pela garota brasileira que, durante o trajeto do aeroporto até ali, demonstrou ser muito tímida. A casa lembrava um cenário de filme romântico britânico, de onde surgiu um jovem casal que a esperava. Parecia ser um bom sinal.

No caminho para a segunda casa, a outra menina, que se chamava Paula, puxou assunto comigo.

— Você tem quantos anos?

— 18. Sou de Belém do Pará. E você?

— 18. Sou de Marília, interior de São Paulo. Vim para ficar um mês, mas quero buscar um trabalho e quem sabe ficar por aqui. Tenho um irmão que já está morando em Londres. Mas isso é segredo.

Lembrei imediatamente da conversa que tive com o cônsul britânico em Belém duas semanas antes da viagem. Acompanhada por minha mãe, fui até o consulado pedir informações sobre a vida de estudante na Inglaterra. Fomos atendidas pelo cônsul honorário Mr. Matheu Smith. Era um homem alto, usava *óculos fundo-de-garrafa* e era muito sorridente.

— Boa tarde, como posso ajudá-las? — disse o cônsul quando nos viu. Estava com uma bolsa com tacos de golfe.

— Boa tarde. Minha filha Júlia embarca em duas semanas para Londres para estudar inglês. Precisamos saber se está tudo bem com os documentos e a escola — disse minha mãe.

— Bem, com relação aos documentos, vocês já devem saber que ela não precisa de visto. Ela vai conseguir o visto no aeroporto quando chegar. Se é maior de idade, não precisa de autorização dos pais. Qual é a escola e endereço?

— Está aqui, senhor cônsul — minha mãe mostrou o papel para ele.

Ele olhou com ar de aprovação e disse:

— Essa escola é muito conhecida, mas se você tivesse vindo antes eu teria recomendado outra. Essa tem muita gente da América Latina, e você precisa aprender inglês. Às vezes, as pessoas ficam amigas de jovens da mesma nacionalidade e não aprendem nada.

— O que o senhor acha que devo fazer para aprender bastante inglês?

— Bem, estou atrasado para meu jogo de golfe, mas vou explicar rapidinho o que acontece.

Então, jogou o saco de golfe, que havia começado a carregar ensaiando que queria sair, e se sentou.

Olhou nos meus olhos e começou a falar.

— Londres é muito diferente daqui. Muitas pessoas que viajam como estudantes tentam entrar no país com o grande objetivo de trabalhar na Inglaterra. Matriculam-se por um ou dois meses e depois encontram um trabalho e passam a viver ilegalmente por lá. Posso afirmar que, além de viverem na ilegalidade, levam uma vida difícil.

Continuou falando sem ser interrompido.

— Outra coisa importante que tenho a lhe dizer. Embora você venha a fazer amizades com brasileiros, procure relacionar-se também com os europeus, para aprender inglês, porque você não vai aprender inglês falando só português. O que mais você precisa saber?

— Mais nada. O que você acha, mãe?

— Que você já tem todas as informações de que precisa.

Foi uma conversa estranha no consulado. Na época, achei a fala preconceituosa, mas quando escutei Paula, lembrei imediatamente do cônsul.

Dentro do carro, tudo parecia ser um caminho sem fim. Quando Paula foi deixada em sua casa, julguei um pouco estranha a região em que ela ia morar. Parecia ter somente casas, não vi nenhuma atração turística. Porém, naquele momento, meu cansaço era tão grande que qualquer questionamento iria piorar a enxaqueca que estava se alojando na minha cabecinha.

A situação se agravou quando Thomas começou a fazer perguntas. Os vidros do carro estavam embaçados. Começava a chover, o painel indicava que a temperatura exterior estava por volta de 5 °C negativos, mas o carro estava quentinho. De repente, os movimentos do automóvel e a sinuosidade das ruas começaram a me incomodar. Rodava para a direita, depois para a esquerda. As ruas eram muito tortuosas. Eu respondia educadamente, mas, de repente, senti-me nauseada. Sujei o carro.

Thomas foi muito gentil e não demonstrou nenhum tipo de aborrecimento. Após 60 minutos de viagem, ainda restavam 20 para chegar à casa de *Ms. Marshall*.

— Thomas, sinto muito por sujar seu carro.

— Não se preocupe. Vamos abrir as janelas.

— O senhor conhece a *Ms. Marshall*?

— Já levei muitos estudantes lá.

— E se eu não gostar?

— Você avisa para a escola.

Fiquei quietinha, mas comecei a entrar em pânico. No caminho, não dava para ver o famoso Big Ben nem a roda gigante London Eye. Onde estariam aquelas atrações turísticas típicas dos cartões postais que eu tinha visto em Londres quando viajei como turista na companhia de meus pais?

— Chegamos! É aqui a sua casa.

Imediatamente, bateu um desespero em ver montanhas de lixo na frente da casa. O pior foi quando saíram três pessoas para me receber.

— Bom dia, aviso a vocês que ela está *sick*[5]. Sujou todo meu carro.

Pensei, então, que estar mareada era *sick*, em inglês. Aprendi uma palavra nova. Olhei bem para os três e vi um homem gordo bem carrancudo.

---

[5] Enjoada.

Em seguida, vi uma oriental sorrindo para mim e outra moça com cara de ocidental. Foi naquele momento que tive um ataque de pânico. O mundo parecia girar ao meu redor.

— *Júlia, yo soy Jimena, Ms. Marshall me pidió para recibir usted.*[6]

Desesperada, olhei para Thomas e perguntei:

— Onde está *Ms. Marshall*?

— Ela não está, mas eles vieram receber você — respondeu ele.

Imaginei o pior. Será que haviam me enviado para uma casa de prostituição? Quando liguei do Brasil, não consegui falar com *Ms. Marshall*. Talvez ela não existisse. E se eu entrasse na casa, conseguiria sair de lá?

— Bem, tenho que ir. Você resolve isso na escola segunda-feira — disse Thomas.

— Não, Thomas, não me deixe aqui.

— Não posso ficar com você, confie em mim. Segunda-feira você resolve isso na escola. Tchau.

Foi um momento de desespero total. Meus pensamentos eram como uma montanha russa: *ninguém me disse que havia uma oriental aqui, também não falaram de nenhum homem gordo carrancudo. Meu Deus, preciso resolver isso antes de ligar para casa.*

— Sou da Colômbia. Sakiko é japonesa. Venha, Júlia, vou mostrar seu quarto.

Entrei na casa e fui direto subindo as escadas com Jimena na frente e a japonesinha atrás. O homem desapareceu.

— Aqui é o seu quarto — disse Jimena.

Jimena falava mais espanhol que inglês. Eu entendia bem pela similaridade com o português e também porque tinha estudado um ano de espanhol na escola.

O quarto era muito pequeno. Era um retângulo de 1,50 m por 2 m. Parecia um lavabo. O pequeno armário era feito de bambu, coberto por um tipo de lona. A janela dava para um quintal abandonado com um cemitério de geladeiras e colchões velhos. A parede ao lado da sala era de tijolo de vidro. Era uma casa de um jeito que eu não havia imaginado nas minhas fantasias de intercâmbio.

---

[6] Júlia, meu nome é Jimena. Ms. Marshal pediu que eu a recebesse.

— Oi, Júlia, sou Sakiko. Seja bem-vinda, trago doces japoneses para você.

Era uma caixinha cheia de doces vermelhos. Agradeci e fiz sinal para ficar sozinha.

Pensei mais um pouquinho e entrei em desespero. Ai, meu Deus, e esses doces? Será que têm algo de alucinógeno? E se eu comer e ficar doidona? Pensei *Ms. Marshall, chega logo, please.*

O tamanho da minha cama era próprio para uma criança e estava com os lençóis sujos. Mais morta do que viva, joguei-me de cansaço nela. Parecia estar deitada em uma pilha de travesseiros duros amontoados. Percebi que não havia aquecedor no quarto.

Droga, meus pais tinham razão. Desde o avião está dando tudo errado. Agora vou ligar pra casa. Cadê a Jimena?

— Jimena! — gritei da porta do meu quarto.

— Júlia, estamos aqui em cima, venha.

Subi para o terceiro andar. Os quartos de Jimena e Sakiko eram organizados. Papel de parede e cortina de flores, tudo cor-de-rosa bem clarinho, tinham aquecedor. Fingi que não estava surpresa. Preferi não comentar nada.

— Olá meninas, posso telefonar?

— Sim, a primeira ligação está inclusa, mas não demore. Informe para seus pais o número daqui — falou Jimena.

O telefone ficava no térreo. Senti que o piso da casa era de madeira, revestido por carpete. Tinha um cheiro muito ruim. Uma mistura de mofo com *mijo*.

Falar com minha mãe e meu pai pelo telefone ajudou a diminuir meu nervosismo. Eles queriam saber se a viagem tinha sido boa, se a casa era confortável, e queriam também ter notícias sobre a *Ms. Marshall*.

— Calma mãe, eu *tô* ótima. A casa é muito confortável, a *Ms. Marshall* ainda não chegou. Está trabalhando. Amanhã tenho aula. Também vou comprar um celular.

Eu iria piorar a situação se demonstrasse insegurança e desespero.

Já era noite quando *Ms. Marshall* chegou e bateu na porta do quarto. Abri e vi aquela mulher enorme. Deveria ter 1,90 m de altura, branca, cabelo loiro maltratado, e acima do peso. Dava para ver seus pneuzinhos. A agência informou que ela tinha 54 anos e era de Manchester.

— Olá Júlia, sou *Ms. Marshall*. Me disseram que você deu um show por aqui. Que história é essa?

— Boa noite, *Ms. Marshall*. Desculpe, eu não entendi, não sei explicar em inglês o que aconteceu — estava muito cansada.

— Eu já conheci moças como você. Aqui funciona assim: o Robert, aquele homem que mora aqui em casa, é sem-teto. O governo me paga para cuidar dele. Ele não faz mal a ninguém. A Jimena é colombiana. Chegou há três meses. É uma pessoa maravilhosa. A Sakiko é do Japão e chegou na semana passada. Escolhi Jimena para coordenar os estudantes da casa. Ela vai te ensinar a ir à escola amanhã de manhã.

Eu apenas concordava com a cabeça e dizia *"yes, Ms. Marshall"*. Eu entendia quase tudo, mas não sabia me expressar com a mesma facilidade. Estava exausta de tanto pensar. A cabeça doía muito. Estava dentro de um furacão de pensamentos.

— Você precisa aprender as regras da casa. Primeiro, vamos lá para baixo, na cozinha.

Chegando à cozinha, *Ms. Marshall* começou a dar instruções.

— Você tem direito ao café da manhã e jantar. Está vendo aquele iogurte? — disse *Ms. Marshall*.

— Sim.

— Não é para você. O seu é esse aqui.

— Está vendo o leite?

— Sim, *Ms. Marshall*.

— Esse do rótulo verde é meu. O seu é aquele do rótulo vermelho. Se quiser algo melhor, você compra com seu dinheiro. Agora, vamos lá para cima.

— Esse é o banheiro de todo mundo. Quando tomar banho, seque a banheira. Odeio qualquer gotinha de água na banheira. E limpe com essa esponja – mostrou uma esponja velha de aspecto imundo.

— E agora desça para o jantar, espero você na cozinha.

Senti uma tristeza profunda. Como viveria quase um ano naquela casa? Talvez aguentasse um mês e voltasse para o Brasil para fazer faculdade de qualquer coisa. Meus pais ririam muito da minha cara, e meus colegas da escola, muito mais.

Meu quarto era tão pequeno que só coube uma mala. Tomei um banho, coloquei uma roupa limpa e desci as escadas.

— Licença, *Ms. Marshall*. Estou pronta para o jantar.

— O seu jantar está sempre naquele armário. Abra.

Eram prateleiras cheias de macarrão instantâneo e comidas enlatadas.

— Pode escolher.

Eu não acreditei que aquela *megera* estivesse falando comigo. Me senti tratada pior do que um cachorro.

— Posso tomar um iogurte?

— Pode, mas então já sabe que amanhã de manhã você já usou sua cota. Aqui todo mundo é independente. Não precisa me avisar se vem para casa.

Voltei para o quarto triste. Não era o que tinha sonhado para meu primeiro dia de intercâmbio. Quando estava quase dormindo, alguém bateu à minha porta. Era Jimena.

— Amanhã, sairemos todas juntas para a escola. Você pode ser a primeira a usar o banheiro às 6h da manhã; às 6h30, será a Sakiko, e às 7h, eu. Tome seu café e, às 7h45, sairemos em direção à escola — determinou Jimena.

***

Quando acordei com o barulho do meu despertador, era uma manhã muito fria e sem sol, dormi de sobretudo porque não havia aquecedor no quarto. Pela janela, olhei o quintal cheio de lixo na escuridão e me perguntei se *Ms. Marshall* seria uma acumuladora compulsiva como eu havia assistido em um programa do Discovery Channel. Tomei banho, limpei a banheira, vesti várias camadas de roupa, ignorei a cozinha, saí em jejum. Encontrei as meninas na porta da casa.

— Júlia, preste bem atenção, pois não vou fazer isso todos os dias com você. Sakiko já aprendeu. Hoje, você volta com ela. E quando chegar o próximo estudante, esta obrigação será sua — Jimena novamente misturava palavras de inglês com espanhol.

Era estranho ir para a escola naquela escuridão. Ainda era possível ver as estrelas. Estava muito frio e eu havia esquecido as luvas no Brasil. Meus dedos pareciam estar congelados. Caminhamos cinco minutos e chegamos à estação. Era de madeira e dizia Forest Hill Station. Todos estavam bem empacotados.

22

— De Forest Hill, vamos até London Bridge, lá você deve procurar o trem para Charing Cross. Depois, é só pegar o metrô para Covent Garden. Certo?

— Mais ou menos — eu disse.

— Pegue este mapa. Ele mostra todas as conexões de trem e metrô, estude ele todos os dias — falou Jimena como um general.

O mapa era bem pequenino, mas quando ela abriu, parecia um antigo jogo de varetas. Aquelas linhas coloridas se cruzavam. Deu um nó na minha cabeça, mas eu sabia que aprenderia.

— Não se preocupe, eu ajudo até você aprender — falou docilmente Sakiko.

— Muito obrigada, Sakiko.

Estava morrendo de frio. Tudo parecia molhado. No trem, ninguém olhava para ninguém. As pessoas sentadas liam livros, outros, jornais, os que estavam em pé faziam a mesma coisa. Fiquei impressionada com o equilíbrio dos passageiros. O sol nascia e, à medida que o trem se movimentava, o céu mudava magicamente de cor para cinza e, pouco a pouco, para azul. Quando chegamos à London Brigde, levei um susto enorme. As pessoas caminhavam velozmente, fiquei um pouco tonta.

— Júlia, corra! Você precisa nos acompanhar — disse Jimena.

— Desculpe — respondi, cansada.

— Olhe aqui, está vendo todos esses painéis? — falou *a general*. E continuou — Você tem que identificar a plataforma do trem para Charing Cross.

— Está tudo em ordem alfabética — falou Sakiko.

— E depois, o que faço? — perguntei.

— Depois, você corre para a plataforma. Geralmente, está lotada nesse horário, mas você se espreme e entra no trem. Vamos, vamos, saiu o número, veja! Plataforma 3. Corre, Júlia!

O vagão do trem era igual ao anterior. Todo mundo estava lendo algo. Ninguém falava nada. O frio continuava, os dedos agora estavam dentro do bolso do sobretudo. Prometi a mim mesma que compraria um par de luvas assim que pudesse. A troca de trem para o metrô foi agitada. Tomamos inicialmente a linha preta e depois, a azul. Agora, nós três estávamos dentro do vagão do metrô em pé, segurando o cano vertical para nos equilibrar.

Senti meus peitos espremidos, um cheiro forte, típico de quem não usa desodorante. A estação era Covent Garden.

— É aqui. Vamos meninas, vamos! Agora, rápido para o elevador. Aqui não tem escadas rolantes e já estamos quase atrasadas.

Faltavam cinco minutos para as 9h. Quando chegamos à parte externa do metrô, senti um ventinho maravilhoso, estava com calor e sede.

— Chegamos? Falta muito, meninas? — perguntei.

— Está vendo aquele prédio azul e branco do outro lado? É lá! — falou Sakiko.

— Vamos, vamos. Atravessem a rua com atenção. Aqui não passam carros, mas há muitas bicicletas — avisou Jimena.

Chegando à porta da escola, Jimena disse:

— Bom, aqui encerro meus serviços. Você tem que fazer um exame para saber seu nível, Júlia.

— Nos vemos aqui às 17h para voltarmos juntas para casa — falou educadamente Sakiko.

A escola era bonita. Um prédio branco antigo, pintura azul nas janelas. O primeiro andar era uma galeria de arte. A escola ocupava os andares de cima, eram dois andares de escola. Tudo era limpo e organizado. Não era por coincidência que havia escolhido essa escola. Eu e meus pais amávamos Covent Garden.

Na entrada, uma mesa com chá, água, café e biscoitos estava pronta para os novos alunos. No primeiro dia de aula, todos eram submetidos a um exame para saber o nível da turma em que deveriam estudar. O exame começou às 9h15 e levou a manhã inteira. Envolvia gramática, conversação e redação. Às 12h, nós — os novatos — fomos liberados para o almoço. O resultado sairia às 15h.

Saí da escola e vi que havia muitas lojas de celulares. Tudo era muito caro. Comprei o modelo mais barato, coloquei um crédito e liguei para casa.

— Alô, mãe, anota rapidinho o número do meu celular.

— Filha! Você está bem?

— Estou sim, desculpe te acordar tão cedo. Tive que fazer um exame, estou na hora do *break*[7]. Comprei um celular pré-pago.

— Eu já estava acordada para trabalhar — respondeu minha mãe.

---

[7] Intervalo das aulas.

Foi uma conversa muito breve, mas eu sabia que ter um celular e dar aos meus pais a chance de ligar a qualquer momento os deixaria tranquilos.

Saindo da loja, vi algumas pessoas vendendo luvas nas calçadas. Falavam rápido e disputavam minha atenção. Comprei um par de luvas lindas por cinco libras. Não fazia ideia do preço de nada, estava em um período de transição. O frio era duro de encarar. Era duro até para pensar.

Às 15h em ponto, estava no hall da escola.

— Júlia Ribeiro, quem é?

— Sou eu — cheguei bem na hora que disseram meu nome.

— Aqui está seu horário e turma — falou uma moça ruiva e sardenta.

— Boa tarde a todos os novos alunos. Sou Paul, diretor da escola. Hoje, vocês estão dispensados, mas amanhã às 9h em ponto estejam aqui. Atrasos não são permitidos. Alguns alunos fazem o curso intensivo, outros não; isso significa que alguns estão matriculados das 9h às 12h, e outros, das 9h às 17h. Das 12h às 14h, é o horário de almoço. Sejam bem-vindos à Blue School.

Meu nível de inglês era bom. Não fui bem em gramática, mas o teste de conversação contribuiu muito para eu ir para o nível avançado. O curso incluía aulas de gramática e conversação, além de estudos culturais. Era do tipo intensivo. Sakiko estava em aula, e eu teria que esperar até às 17h. Aproveitei para caminhar pela escola. Percebi que havia um departamento de Turismo. Era uma sala muito colorida, cheia de mapas de cidades e fotografias.

— Olá, garota! Eu sou Dominic, precisa de ajuda? Quer um mapa?

— Olá, sou Júlia, do Brasil, que tipo de mapas você tem?

— É seu primeiro dia?

— É.

— Então, pega esse kit aqui. Tem o mapa do metrô. E esse aqui com todas as zonas da cidade. Esta zona é muito legal.

— E quanto custa?

— É cortesia. Guarde seu dinheiro. Esta cidade é muito cara. Outra coisa, eu organizo viagens pela Europa com os jovens. Quando tiver um tempo, passe aqui.

— Eu queria caminhar um pouco enquanto espero uma amiga.

— Então, vai passear em Covent Garden.

— Tenho medo de me perder.

— Imagina... se perder! Olha aqui o mapa, vou marcar a escola para você. Bom passeio.

Saí caminhando, olhando tudo o que estava à minha volta. Todos andavam apressados. Eu andava com atenção, ainda não estava acostumada com a mão inglesa no trânsito, olhava sempre para os dois lados antes de atravessar. Quando enxerguei os postes de luzes típicos da área de Covent Garden e as fachadas coloridas das lojas, senti muita alegria de encontrar algo familiar às minhas memórias. Caminhei até chegar à estrutura principal, um antigo prédio da época industrial que agora abrigava lojas e restaurantes bonitinhos. Comprei alguns cartões postais, passei pela frente da Royal Opera House, peguei alguns folhetos e voltei para a escola. Lembrei de quando estive naquele lugar pela primeira vez com meus pais. Quando voltei para a escola, Sakiko já estava do lado de fora me esperando. Cheguei cinco minutos atrasada.

— Tudo bem com você? — perguntou Sakiko.

— Tudo. Fui passear em Covent Garden. Peguei esses folhetos da Royal Opera House.

— Sério!? Você gosta de ópera?

— Não sei, mas minha avó sempre dizia que o melhor de Londres era a Royal Opera House.

— Eu assisti, na semana passada, *A Bela Adormecida*. Foi lindo — disse Sakiko.

Fomos para a estação fazendo o caminho oposto ao da manhã. As trocas de trens foram estressadas até chegar à London Bridge Station, onde finalmente conseguimos conversar sentadas no trem no caminho para Forest Hill.

— Júlia, qual foi o resultado da sua prova?

— Avançado 1? Professor Mike. Mike.

— Mike Hardy?

— Isso!

— Vamos estudar juntas!

— Que legal, Sakiko! Qual o nível da Jimena?

— Intermediário 1. Não entendo o que ela fala. Fiquei impressionada por você conseguir se comunicar com ela. Está aqui há três meses e sempre a vejo cercada de pessoas que falam espanhol.

— Isso é ruim para o aprendizado.

— Júlia, preciso confessar algo: não gosto desta casa.

— Bom, agora que estou aqui, as coisas podem mudar. Podemos nos ajudar. Você fica até quando?

— Até dia 30 de março. E você?

— Até a primeira semana de dezembro.

— Ótimo.

Chegando em casa, não havia ninguém além de mim e Sakiko.

— Júlia, olha aqui!

Sakiko estava na frente do quarto de Robert. Vimos latas de cervejas e pedaços de comida espalhados. De repente, escutamos um barulho e corremos para o meu quarto. Eram passos que vinham da escada e alguém foi se aproximando. Bateu na porta.

— Sim? Quem é? — falei apavorada.

— Sou eu, Robert.

Abri a porta. Era Robert: cheirava mal e parecia estar alcoolizado. Ficamos apavoradas.

— Precisam de ajuda? — falou Robert.

Era uma voz estranha, tremida e lenta.

— Não, muito obrigada — disse, batendo a porta na cara dele.

— Júlia, você não tem medo dele? Estou com muito medo.

— Se ele fosse perigoso, não estaria aqui. Não acha? Você sabe o significado da palavra *prejudice*?

— Sei, mas não é isso. Tenho medo porque *Ms. Marshal* não avisou que havia um homem morando na casa...

Senti um terrível mal estar e saí correndo em direção ao banheiro. Tive a sensação de que meu estômago estava em chamas. Vomitei muito.

***

— Tome isto, vai melhorar. São dois comprimidos. Você tem que tomar os dois juntos.

Tomei com a própria água da torneira.

— Muito obrigada, Sakiko. Não como direito desde sábado, esqueci de almoçar hoje.

— Você precisa comer algo, vamos para a cozinha.

Na cozinha, tudo era enlatado. A dieta de *Ms. Marshall* era rica em *porcarias*. Havia um pacote de bananas sobre a mesa. Peguei duas e pensei, "amanhã vou comprar bananas para repor". Era um empréstimo.

— Vou comer essas bananas, ligar para casa e dormir. Até amanhã, Sakiko.

— Qualquer coisa, Júlia, me chame. Até amanhã.

Liguei para minha mãe. Ela sempre tinha milhares de recomendações e terminava dizendo para ligar aos domingos, porque a tarifa telefônica era mais barata.

Já eram 8h30 da noite. Apaguei. Acordei às 5h45 da manhã com o despertador. Sentia dores por todo o corpo. Doía a garganta. Havia dormido mais uma noite sem aquecedor, vestida de sobretudo. Tomei banho e desci para tomar café na cozinha. *Ms. Marshall* estava lá.

— Já vi que você é muito mal-educada. Ontem, quando cheguei, alguém tinha comido minhas bananas.

Saiu uma voz rouca.

— Não me sinto bem, me desculpe, comprarei suas bananas. *Ms. Marshall*, por que meu quarto não tem aquecedor?

— Não me traga problemas. Vou providenciar seu aquecedor.

Eu estava muito mal, sentia que poderia adoecer gravemente. O caminho para a escola era muito desgastante. Levava cerca de uma hora e meia para chegar lá. O café da manhã e o jantar, conforme meus pais pagaram, não existia. Saía de casa em Jejum, esperava o intervalo das 10h para comer na escola. No almoço, juntava-me aos amigos de Sakiko e comia com o grupo de japoneses em um restaurante italiano em Covent Garden.

***

Ia e voltava da escola com Sakiko. Já estava há quase uma semana em Londres e o problema do aquecedor ainda não havia sido resolvido. Sentia certa ansiedade para o primeiro fim de semana. O curso era muito puxado. Era uma rotina pesada, mal tinha tempo para *curtir* Londres. Mas as aulas eram maravilhosas, excelentes professores, e conhecer pessoas de outras culturas era sempre divertido. Ainda na primeira semana, cumprindo o limite de sete dias, providenciei meu Certificado de Registro no departamento de polícia. Não era permitido trabalhar. No primeiro fim de semana, queria caminhar pela cidade e conhecer coisas novas.

— Sakiko, amanhã é sábado. Vamos passear pela cidade?

— Infelizmente, não posso. Amanhã haverá uma *demonstration*[8]. Vou participar.

Não sabia o significado da palavra *demonstration*. Olhei no dicionário, encontrei o significado de "passeata". Não dei muita atenção. Nada me impediria de ter um dia maravilhoso.

No sábado, Sakiko e eu fomos juntas até a Piccadilly Circus Station. Fora da estação, havia uma multidão. Era 15 de fevereiro de 2003 e o mundo tinha parado para fazer uma manifestação contra a guerra no Iraque. Foi uma maneira assustadora de apreender o significado, na prática, da palavra *demonstration*.

— Júlia, você vem comigo? — perguntou Sakiko.

— Não. Vou ficar por aqui, comer algo por perto e voltar para casa.

Havia muita gente. Parecia o Círio de Nazaré. Mal podia caminhar, olhei para trás e não vi Sakiko, tentei voltar para a estação, mas quando cheguei estava fechada por uma grade de ferro. Fui levada pela multidão. Meus pés saíram do chão, começou a chover, homens e mulheres levavam cartazes com frases antiguerra.

Andei pela *Piccadilly Street* inteira, apertada entre as pessoas. Os pés às vezes pareciam flutuar. Fiz muito esforço para me manter em pé; o chão tinha virado lama. Foi quando caí no chão e tive vontade de chorar. Desejei estar em casa no meu país, no meu quarto ou conversando com minhas amigas no intervalo das aulas.

Levantei-me e busquei um lugar mais tranquilo. Foi quando me senti melhor, seguindo as placas que me levariam ao *Hyde Park*. Respirava profundamente para me acalmar e, apesar de estar vestida com o sobretudo que usava para dormir, todo sujo de lama, senti fazer parte de uma força coletiva. Era meu batizado para o mundo adulto. Crescer doía, mas tinha que ter um lado bom. Uma voz interior sussurrou dizendo: *Welcome to London!*[9]

Depois de caminhar lentamente na multidão, cheguei à *Green Park Station*, que, felizmente, estava aberta. Ao lado da estação, havia um super-

---

[8] O termo manifestação (política) é mais usado atualmente, em lugar de passeata.
[9] Bem-vinda a Londres.

mercado onde comprei frutas, iogurte e água, além de uns bolinhos que pareciam deliciosos. Olhei o mapa, já estava mais familiarizada com aquele imenso diagrama. Decidi voltar para casa. No caminho, parei em uma banca de revistas e comprei um cartão telefônico internacional. Estudei bem o mapa e segui. Estava muito cansada.

***

Quando cheguei à Forest Hill Station, vi que o sobretudo estava imundo e perguntei-me como iria dormir. Em casa, deixei duas bananas na mesa da cozinha e subi para o quarto com o restante das frutas. Devorei tudo em poucos minutos.

Quando já estava deitada, escutei baterem em minha porta.

— Júlia, podemos entrar?

Estava de pijama, mas bem acordada.

— Olá meninas, tudo bem?

— Já convidei a Sakiko e ela disse que sim. Só falta você. Gostaria de passar um domingo incrível comigo como guia?

— E o que significa um domingo incrível? — perguntei, desconfiada.

— Vou levar vocês para passear e comer comida colombiana amanhã. Que tal?

— Vamos, Júlia! — disse Sakiko.

— Muito obrigada, Jimena. Mas amanhã quero dormir até tarde. A que horas seria isso?

— Às 11h da manhã sairemos de casa.

— Está bem. Vou dormir, boa noite, meninas.

A noite não foi fácil. Estava muito frio, mas fui vencida pelo cansaço. Acordei com as meninas batendo na porta.

— Acorda, Júlia, você está atrasada.

Levantei-me como se estivesse de ressaca, tomei banho, saí em jejum — novamente — e segui os comandos de Jimena.

— Você gostou da sua primeira semana? — perguntou Sakiko, falando baixinho.

— Gostei da escola, mas não desta casa — cochichei para Sakiko.

— Não sabem que isso é falta de educação? Vamos, andem meninas — falou Jimena.

— Para onde vamos? — perguntei.

— Vamos para a *Victoria Station*. Perto de lá tem uma rua em que se vendem produtos da Colômbia e *empanadas* deliciosas. Vou apresentar uma amiga da minha mãe a vocês.

— Bom, eu não sei o é que *empanada*. Mas já que você recomenda, vamos! — falei, morta de sono.

***

Tomamos o trem com sempre fazíamos, mas, ao mudar para o metrô, percebi que Jimena tinha ficado para trás. Ficou olhando para a catraca, enquanto eu e Sakiko já estávamos do outro lado.

— O que foi, Jimena? — perguntou Sakiko.

— Estou esperando ter menos gente. Quietas!

De repente, pulou a catraca. Eu e Sakiko ficamos pálidas.

— Rápido, rápido, não olhem para trás. Desçam.

Eu e Sakiko ficamos desesperadas.

— Calma, meninas — disse Jimena, tranquila.

— Você não pode fazer isso, eles poderiam prendê-la — censurei.

— Fiquei nervosa. Você cometeu um crime — falou Sakiko.

— Não fiz nada grave. Que drama! Vamos embora. Isso não é crime. Foi apenas uma emergência.

Saindo da *Victoria Station*, fomos atrás das ordens de Jimena em passos rápidos, pois eu já não me lembrava mais como voltar para a estação.

— Pronto, chegamos — disse Jimena.

O lugar era muito simples. Havia apenas um balcão e prateleiras vazias. Atrás do balcão, havia uma mulher idosa.

— Carmem, estas são Sakiko e Júlia. Uma japonesa, e a outra, brasileira. Estão na mesma casa que eu — falou em espanhol, mas entendi tudo.

— Viemos comer suas empanadas, Carmem. Traga a de carne — ordenou Jimena.

— Aqui estão. Foram feitas hoje — falou Carmem com entusiasmo.

Vi algo que parecia com os pastéis brasileiros. Estava achando o passeio uma perda de tempo.

— Quero uma para provar — falei.

Mordi com gosto, mas senti minha boca arder. O recheio era uma mistura de pimenta com carne. Eu mal conseguia respirar. Trouxeram água para mim e tomei uma jarra inteira. Jimena e Carmen não paravam de rir.

— Não vou comer, não gosto de comida picante. Mas vocês podem comer à vontade. Quanto tempo vamos ficar aqui? — disse Sakiko.

— Tenho uma encomenda a receber da Carmen, e depois vamos para casa. Vocês não querem provar os bolinhos de chocolate da Carmen?

— *No, muchas gracias* — disse para ela, ainda me recuperando do efeito da pimenta.

Pensei que havia perdido mais um dia em Londres. Não tinha visitado nenhum museu. Estava comendo mal e tinha falado pouco inglês, porque Jimena misturava sempre o inglês com espanhol, mas prevalecia o espanhol. Ela parecia ter dificuldade em deixar a Colômbia e viver plenamente o intercâmbio.

Apesar das diferenças culturais, Sakiko e eu tínhamos algo em comum, especialmente em nossas análises sobre Jimena, *Ms. Marshall*, Robert e, principalmente, sobre a casa.

Quando já estávamos em casa, Sakiko bateu em minha porta e pediu para entrar.

— Júlia, posso entrar? — falou Sakiko.

— Pode. O que foi?

— *Ms. Marshall* é grosseira e suja. Vamos mudar de casa?

Sakiko tinha questionamentos sobre o tratamento que recebíamos. Também sobre Robert. Ela achava que *Ms. Marshall* era oportunista, e que o sem-teto era usado para ganhar dinheiro. Achava também que para ela nós éramos um grande negócio.

— Mas, Sakiko, e se formos para um lugar pior? E se todas as casas forem assim?

— Meus amigos japoneses moram perto da escola e estão felizes. Eles me disseram que os alunos da América do Sul e América Central são enviados para a área leste da cidade, que é mais barata. Os europeus e asiáticos são enviados para o oeste, em áreas mais próximas da escola — disse Sakiko.

— Mas, se isso for verdade, por que você está aqui, Sakiko?

— Não sei. Pode ter sido um engano. Mas amanhã vou pedir para me mudarem desta casa. Se você quiser, podemos fazer isso juntas.

— Não sei.

— Júlia, este quarto é inaceitável! Você não merece estar neste lugar.

***

Fiquei confusa, mais uma vez. Talvez não existisse situação pior do que aquela. Passava muitas horas dentro de trens e metrô para ir à escola. Quando chegava em casa, estava acabada. Alimentava-me mal e, o pior, não estava conhecendo Londres, nem pessoas com as quais eu pudesse praticar a língua inglesa.

— Bom, Sakiko, trocar um inferno por outro não deve ser o fim do mundo. Tudo bem, amanhã resolveremos isso. Boa noite, Sakiko.

— Boa noite, Júlia.

Precisava ainda dar notícias para meus pais. Liguei do telefone convencional da *Ms. Marshall*. Peguei o cartão telefônico internacional. Os números vinham cobertos como uma *raspadinha*. Liguei para casa e contei que havia participado de uma passeata contra a guerra no Iraque. Fui imediatamente alertada para ter cuidado com atentados terroristas. Também alertaram para não gastar muito dinheiro e não usar os *traveler's checks*, pois eram somente para emergências.

Meus pais tinham me dado sete mil dólares em *traveler's checks* para serem usados em caso de emergência. O restante do dinheiro eu havia levado em mãos, além de ter cartões de crédito e saque.

***

A noite foi fria, e começava mais uma semana de estudos. Estava desanimada, preocupada e triste. Nos meus sonhos, fazer intercâmbio não envolvia grandes dificuldades.

Na manhã seguinte, nós três fomos juntas para a escola. Ao chegarmos ao lobby, nos despedimos de Jimena e fomos direto para o departamento de moradia da escola. Quem estava lá era a moça sardenta e ruiva que organizou os exames dos novatos no primeiro dia de aula.

— Bom dia, em que posso ajudá-las? — falou a ruiva.

— Bom dia, nós queremos mudar de casa — disse Sakiko.

— E de preferência ficar juntas na mesma casa — acrescentei.

— Bom, meninas, a Blue School tem um cuidado enorme ao escolher a casa de cada estudante de intercâmbio. Temos um padrão de qualidade que deve ser seguido.

— Sabia que não tenho aquecedor no quarto? E que há um homem na casa em que moramos? Ninguém avisou isso quando eu estava no Brasil...

Fui interrompida pela ruiva.

— Se quiserem mudar de casa, escrevam uma carta explicando tudo isso. E entreguem aqui. Estou no período das 9h às 12h, depois das 14h às 16h30. Agora, corram para a sala de aula ou não vão poder entrar.

***

Fiquei pensando a aula inteira no que escreveria. No intervalo do almoço, fui à biblioteca me encontrar com Sakiko. Em poucos minutos, estava tudo pronto, comemos algo na cantina da escola e ficamos na porta do departamento esperando a ruiva chegar, quando alguém se aproximou.

— Boa tarde, meninas, em que posso ajudar? — era Paul, diretor da escola.

— Estamos esperando a moça que trabalha neste departamento. Uma de cabelo vermelho — disse Sakiko.

— Suzan. Ela se chama Suzan! Passou mal e teve que ir embora.

Sakiko e eu nos entreolhamos com tristeza.

— Tudo bem, voltaremos amanhã — falei.

Sakiko não disse nada. Durante a aula, estava compenetrada. Percebi que ela estava muito estranha. Voltamos para casa em silêncio. No caminho, passamos pelo supermercado próximo da estação Forest Hill, fizemos compras e em poucos minutos estávamos em casa.

Eu fazia as refeições sempre no quarto. Comecei a sentir saudades de casa e achar que tudo estava horrível. Não era isso que eu tinha imaginado quando quis fazer intercâmbio. De repente, Sakiko bateu na porta.

— Oi, Júlia, quero que você fale com meu pai! — a voz de Sakiko demonstrava pressa.

— Seu pai? Ele está aí? — gaguejei.

— Está no Japão, no telefone, e quer falar com você. Venha rápido antes que nos escutem.

Desci as escadas, descalça e apressada.

— Como devo chamar seu pai? Senhor...?

— Senhor Fujiwara.

A casa estava fria e escura. Havia uma única luz acesa que vinha das escadas. Era por volta de 7h30 da noite e estávamos sós.

— Alô, boa noite, senhor Fujiwara.

— Boa noite, Júlia. Estou muito preocupado. Sakiko me contou que há um homem na casa em que vocês moram. Vocês precisam sair daí imediatamente.

— Mas nós vamos amanhã...

Fui interrompida.

— Júlia, minha filha disse que você conhece Londres. Quero que você vá imediatamente com ela para um hotel. Eu pago tudo.

***

Senti um frio no estômago. Mais uma vez, estava confusa e nervosa. Seria possível ter um dia normal, sem ter que fazer nenhuma escolha difícil?

— Senhor Fujiwara, já está tarde para fazer isso. Não podemos sair daqui. Prometo que amanhã resolveremos isso na escola. Também juro que vamos nos proteger.

— Muito obrigado, Júlia.

— Por nada, senhor Fujiwara — respondi, passando o telefone para Sakiko.

Falando japonês, Sakiko parecia outra pessoa. O tom de voz era mais duro, diferente de quando ela falava inglês. Não consegui identificar uma palavra. De repente, escutamos alguém entrar na casa. Sakiko seguiu falando na certeza de que ninguém a entenderia.

Ms. Marshall, Jimena e Robert chegaram juntos, como uma família. Deram boa noite e seguiram para a cozinha. Sakiko colocou o telefone no *gancho* e foi para o quarto. Eu fiz o mesmo. Chegando ao andar de cima, na porta do meu quarto, trocamos rapidamente algumas palavras.

— Júlia, não conte para ninguém o que aconteceu. Amanhã de manhã, vamos ao setor de moradia. Temos que sair mais cedo.

— Tudo bem, até amanhã, Sakiko.

— Até amanhã, Júlia.

Não dormi a noite inteira. Estava confusa e insegura. Questionava-me se poderia confiar em Sakiko, pois nos conhecíamos há pouco mais de uma semana. Pensei em minha família, na casa confortável que tinha no Brasil, lembrei da comida gostosa da minha mãe e de quanto amor eu tinha diariamente. Porém, eu mesma tinha criado essa situação, e precisava sair dela sem preocupar meus pais.

***

Quando deu 5h da manhã, comecei a me arrumar para ir à escola. Tomei um longo banho. Às 6h, desci as escadas, abri a geladeira e me servi de tudo o que estava autorizado. Então, Sakiko apareceu.

Ela se serviu de uns pacotes bonitinhos de coisas do Japão e preparou uma sopa. Ofereceu-me educadamente, mas recusei.

— Júlia, por favor, precisamos sair antes de Jimena. Precisamos chegar bem cedo na escola.

— Já estou pronta — falei, enquanto Sakiko terminava de limpar o prato que tinha usado.

— Então, vou buscar meus livros e encontro você na porta. Certo?

— Certo! — respondi.

Eram quase 7h da manhã quando saímos de casa. O céu estava escuro. Era um dia muito frio. No caminho para a escola, conversamos como seria a entrega das cartas. Pediríamos para nos mudarem e que ficássemos na mesma casa. Estávamos decididas a não viver mais na casa de *Ms. Marshall*.

Chegando à escola, o departamento de moradia já estava aberto. Paul e Suzan estavam lá.

— Bom dia, somos... — disse Sakiko, mas foi interrompida.

— Você deve ser Sakiko Fujiwara — falou o diretor — e você é a brasileira. Estou certo?

— Sim — disse Sakiko.

— Eu me chamo Júlia Ribeiro.

— Certo, Júlia. Quero informá-las que vão se mudar e ficar na mesma casa. Hoje, sairão mais cedo, vão se mudar ainda esta tarde — falou o diretor Paul com cara de aborrecido.

— Estão liberadas das aulas da tarde. Às 13h, o motorista levará vocês até a casa em que estão hospedadas. Peguem todos os seus pertences e levem no carro. Uma nova família vai receber vocês duas — acrescentou Suzan.

— E a carta? — perguntou Paul.

— Já escrevemos — disse Sakiko.

— Mesmo o seu pai tendo entrado em contato ontem à noite com o presidente da Blue School, precisamos das cartas — falou Suzan.

Tomei um *grande* susto. O pai de Sakiko deveria ser alguém influente.

— E agora podem ir para a sala de aula — ordenou o diretor.

***

Entregamos as cartas e saímos da sala do setor de moradia. Lá fora, foi uma explosão de alegria. Nos abraçamos como irmãs.

Parecia ser o meu primeiro dia de aula, pois a montanha russa de ideias mescladas com insegurança e tristeza havia dado férias para a minha cabeça. Foi após esse momento feliz que realmente consegui notar que tinha novos companheiros de classe e que parte dos jovens da semana anterior já não estava mais na sala de aula. O fato é que o número mínimo de aulas para se inscrever na escola era de duas semanas. Quando cheguei a Londres, já era a última semana de alguns de meus colegas.

A escola estava diferente. Eu conseguia ver tudo à minha volta: as pessoas, a cor das paredes, o som das vozes. Era como se tivesse limpado uma janela que estava embaçada, pois a minha primeira semana de intercâmbio tinha sido tão traumática que a única coisa de que eu me lembrava era da vontade de sair da casa de *Ms. Marshall*.

— Júlia, comece a apresentação — disse o professor Mike.

— Sou Júlia Ribeiro. Tenho 18 anos, sou brasileira e vou ficar até o início de dezembro.

— Sou Sakiko Fujiwara. Tenho 19 anos, sou do Japão e ficarei até o dia 30 de março.

— Sou Paolo Lampedusa. Tenho 29 anos, sou da Itália e estarei aqui por três semanas.

E todos foram se apresentando. O restante da turma era formado por chineses e coreanos. O italiano Paolo era muito engraçado. Fazia brincadeiras com todos na sala de aula, deixava os chineses e coreanos ruborizados. Era alto, atlético, rosto oval. Quando falava, mexia todo o corpo, como se fosse um maestro. No intervalo da primeira aula, mostrou uma de suas maiores habilidades: atrair pessoas.

As aulas de inglês estavam interessantes, porque incluíam aprender sobre outras culturas. Eram utilizados trechos de interpretação de obras como as de Shakespeare, George Orwell, Henry James, Philip Roth. Tudo era novidade. Eu não gostava de estudar gramática e vocabulário, mas adorava conversação. As aulas da manhã eram obrigatórias. Começavam às 9h e terminavam às 12h. Pela tarde, havia estudos culturais e de *listening*[10]. Terminavam às 17h.

Para comemorar, fomos rapidamente na hora do almoço até uma padaria em Covent Garden comprar gostosos sanduíches e *macaroons*[11] de framboesa, antes de iniciar a nova jornada. Comemos na frente da escola, sentadas na calçada. Fizemos planos de passear mais durante os fins de semana. Quem sabe poderíamos visitar outras cidades, aproveitar os horários de folga para dançar, fazer novos amigos e praticar mais o idioma.

---

[10] Compreensão oral.
[11] Tipo de merengue.

Capítulo 2
Conquistar novos amigos

Encontramos Susan na porta da escola.

— Júlia e Sakiko! O motorista está lá em cima aguardando vocês. Melhor ficarem aqui, vou chamá-lo — disse Suzan apressadamente.

— Certo, Suzan. Não vamos sair daqui — falei alegre.

Para minha surpresa, o motorista era Thomas. Fiquei muito feliz ao vê-lo. Cumprimentamo-nos como velhos amigos.

— Boa tarde, Júlia. E você deve ser Sakiko — disse Thomas.

— Boa tarde, senhor Thomas Cooper. Prazer em conhecê-lo — disse Sakiko.

— Sakiko, pode me chamar de Thomas.

— Obrigada. Boa tarde, Thomas.

— Vamos para o estacionamento. Fica perto. Cinco minutos daqui.

Chegando ao carro, sentamo-nos no banco de trás, estava tudo limpo. Já não existia sombra de que uma garota de 18 anos nauseada tivesse passado por lá.

— O caminho vai ser longo. Que tipo de música vocês querem ouvir? — perguntou Thomas.

Sakiko não disse nada. Estava muda. Eu havia percebido uma enorme mudança de comportamento nela. Lembrei dos meus amigos descendentes de japoneses da escola no Brasil, que eram tímidos e fechados. Talvez Sakiko tivesse duas versões: uma para estranhos e outra para os mais chegados.

— Eu gosto do *Sixpence none the richer*. Sabe qual é, Sakiko?

Sakiko ficou vermelha. Apenas sorria e mexia a cabeça de cima para baixo. Eu levei um bom tempo para me acostumar com esse hábito dos japoneses de balançarem a cabeça de forma que no Brasil significa *sim*.

Pensei, *o que será que deu nela?*

— Vejam se esta rádio está boa, meninas.

A música era *2 Become 1*, das Spice Girls.

— Eu gosto muito do ritmo dessa música, Sakiko. Você gostava das Spice Girls?

Queria ouvir a voz dela e fiquei feliz quando respondeu.

— Eram muito divertidas, foram uma febre no Japão — falou Sakiko, saindo do seu casulo.

— Foram uma febre mundial. Vocês estão escutando uma rádio que toca música pop. A propósito, já arrumaram suas coisas?

— Na verdade, só abri uma mala. Lembra da minha mala? — falei.

— Eu me lembro das "suas malas". Você não sabe viajar mais leve, Júlia? Sakiko, quantas malas você tem?

— Só uma. Nós, japoneses, somos práticos.

***

O caminho para chegar a Forest Hill foi longo, muito mais do que usar o transporte público. No percurso, conversamos muito sobre Londres, Brasil e Tóquio. Era um dia de primavera em pleno inverno inglês. Ao aproximar-se da casa de *Ms. Marshall*, Thomas começou a dar instruções.

— Meninas, sejam rápidas porque o trânsito vai ficar congestionado. Sua nova casa é muito longe daqui. Fica na zona oeste da cidade.

Fomos muito rápidas. Minha mala de verão tinha ficado perto da porta desde o dia em que cheguei. A mala de Sakiko era pequena e leve. Sakiko aproveitou para ajudar a descer a minha mala extremamente pesada. Quando alcançamos o térreo, chegou *Ms. Marshall*, enfurecida.

— O que está acontecendo aqui? O que vocês disseram para a escola? Isso foi ideia sua, brasileira!

— Olá, *Ms. Marshall*, estamos mudando de casa, sou muito grata pela sua acolhida — falei sem parar de carregar a mala ao lado de Sakiko.

— Sim, muito obrigada, *Ms. Marshall* — falou Sakiko.

— Querem destruir minha vida? Eu vivo disso.

Se ela vivia da pensão dos estudantes de intercâmbio, deveria ser mais educada conosco.

— Desculpe, *Ms. Marshall*, não entendo seu inglês — falei correndo em direção ao carro.

Ms. Marshall estava furiosa e gritava muito. Chamava-nos de ingratas. Eu queria gritar: *vai tomar banho, sua porca desgraçada*. Mas já tinha detonado ela na minha carta para a escola.

Quando todas as malas estavam no carro, Thomas se despediu de *Ms. Marshall* e partiu conosco em direção à nova casa.

— Thomas, você conhece a casa onde vamos morar? — perguntei tranquilamente e feliz, com o carro já em movimento.

— Já fui algumas vezes. A família é muito agradável. Fica mais perto da escola. Não vão precisar usar os trens. É uma área bem servida de ônibus e metrô. Chama-se Crouch End.

— E você? Mora onde? — perguntei.

— Moro próximo de Forest Hill, em Sydenham. É mais caro viver na área em que vocês vão morar. Acho que vão gostar. Lá perto há um parque muito bonito chamado Hampsted Heath. Na primavera e no verão, fica lindo.

— Você conhece os donos da casa? — Sakiko estava curiosa.

— Sempre que deixo estudantes lá, sou muito bem tratado. A dona da casa costuma oferecer chá e biscoito. Dessa casa, nunca fui chamado para levar alguém para outra família — disse Thomas.

***

No caminho, observávamos tudo. Os prédios eram de tijolinhos vermelhos. Havia muitas flores, mesmo no inverno. Foi um longo caminho, mas ninguém tinha pressa. Só Thomas, que enfrentaria um trânsito horrível para voltar para casa. Quando a música *Angels* de Robin Williams tocou na rádio, senti que era uma mensagem. A vida tem dessas coisas. Agradeci a Deus porque Sakiko e Thomas estavam ali naquele momento. Já eram quase 5h da tarde quando ele parou o carro.

— Chegamos, meninas! — não tinha lixo na frente da casa, e sim um lindo jardim.

— Muito obrigada, Thomas — agradecemos as duas, quase ao mesmo tempo.

A porta de entrada se abriu, antes mesmo de tocarmos a campainha. E na porta apareceu uma senhora muito simpática. Baixinha de cabelos brancos.

— Bom dia, Thomas — falou a senhora.

— Bom dia. Aqui estão suas novas hospedes. Essa aqui tem duas malas de chumbo.

— Olá, meninas, sou Nathalie Petters. Meu marido, Richard, está lá dentro.

— Olá, Nathalie, sou Júlia. Esta é a Sakiko. Muito obrigada por nos receber em sua casa.

— Bom, aqui estão as malas. Preciso ir. Garotas, cuidem-se.

— Thomas, não quer tomar um chá? — perguntou com muita simpatia Nathalie.

— Muito obrigado. Estou com muita pressa. Meninas, comportem-se. E boa sorte!

Fui até Thomas e dei um carinhoso abraço. Ficou vermelho feito um pimentão. Sakiko apenas acenou com a mão, dando um adeusinho.

— Precisamos levar essas malas para o andar de cima — disse Nathalie.

Nós três levamos minhas malas para cima. Nathalie parecia ter a disposição de uma jovem. A casa era limpa e estava bem aquecida. A janela do meu quarto era voltada para a rua. O quarto era pequeno e emanava um marcante aroma das *lilies of the valley*[12] que estavam em um vasinho de vidro. Tudo havia sido preparado com carinho: paredes forradas com papel azul-bebê, prateleira para livros, espaço suficiente para minhas duas malas, mesa de estudo e cadeira. A cama era de solteiro e tinha várias camadas de lençóis. O quarto preparado para Sakiko era duas vezes maior do que o

---

[12] Lírios do Vale.

meu. Decoração semelhante, mas tinha duas camas porque fazia parte do contrato de Sakiko dividir quarto. E o meu contrato era de estar só. Mas ela nunca dividira quarto com ninguém.

— Tudo bem com vocês? Estão vivas depois das malas? Estou ótima — disse Nathalie.

— Está tudo bem! — disse Sakiko sem fôlego.

— Está tudo bem, muito obrigada — respondi.

— Bom, então podem tomar banho e descer para o jantar.

***

O banheiro tinha uma louça branca bem antiga. Havia chuveiro e banheira. Quem ficou feliz foi Sakiko.

— O banheiro é perfeito. Adoro tomar banho de banheira. Isso é o que mais sinto falta da minha casa. Júlia, adorei seu quarto. Você está feliz?

— Muito feliz, Sakiko, obrigada por tudo! Acho que ter uma irmã deve ser algo assim. Você é minha irmã japonesa!

— Você é minha irmã brasileira. Já que sou a mais velha, pois tenho 19 anos, determino que temos que comemorar. Vamos sair para dançar esta semana.

— Perfeito. Quem toma banho primeiro?

Depois de uma hora, Nathalie subiu para nos chamar.

— Meninas, desçam para o jantar. Segunda porta à direita.

No andar de cima, havia cinco quartos. No corredor, sete portas, contando com dois banheiros, mas um era somente para os hóspedes. Descendo as escadas, além da porta de entrada, havia mais três portas. Uma dava para a sala de estar e jardim. Outra era uma biblioteca voltada para a frente da casa. E a sala de jantar estava ao lado da cozinha. Era uma casa grande e muito confortável.

Quando Sakiko e eu entramos na sala de jantar, um senhor que, mesmo sentado, parecia muito alto, estava na cabeceira da mesa. Era Richard, sorridente e simpático. Da cozinha, saiu Nathalie com uma travessa enorme. Parecia lasanha.

— Boa noite, meninas — disse com uma voz grossa e um pouco cansada.

— Boa noite, Mr. Petters!

Sakiko e eu falamos quase que simultaneamente. Agora, estávamos desenvolvendo a habilidade de falar como num coro.

— Sentem-se. Vamos conversar um pouquinho, temos salada, *moussaka*[13] e frutas de sobremesa — falou a simpática Nathalie — Eu mesma preparei.

∗∗∗

A comida estava deliciosa. Durante o jantar, os Petters explicavam que gostavam de comer bem e viajar. A *moussaka* é um prato grego que leva muita berinjela e carne moída.

— Parece lasanha. Está uma delícia. Na minha casa, nunca como berinjela. Mas esta está deliciosa. Muito obrigada, Nathalie — disse.

— Essa carne moída é de cordeiro. Por isso tem um sabor especial. O prato é grego — informou Nathalie.

— A especialidade da Nathalie são as sobremesas. Ela faz um *apple crumble*[14] maravilhoso.

— Mr. Petters, o senhor cozinha? — perguntou Sakiko.

— Me chame de Richard. Sim! Cozinho, mas depois que eu caí, ficou mais raro. Estão vendo isso aqui ao meu lado? É um andador, sou totalmente dependente dele. Ficou também mais difícil sair de casa.

— Ele sempre cozinhou melhor que eu... — interrompeu Nathalie.

— Mas cozinho bem comida italiana e mexicana. Qualquer dia desses, eu faço algo para vocês.

Eram adoráveis. Apaixonei-me imediatamente. Pensei que ter avós deveria ser assim. Nunca convivi plenamente com meus avós.

— O que acharam dos ingleses? — perguntou Nathalie.

Ninguém perguntou sobre nossa casa anterior. Deixaram-nos à vontade. Estávamos leves.

— São gentis e amáveis — disse Sakiko.

— São cultos, pois estão sempre lendo em todos os lugares — falei.

— Não, Júlia. Isso não é cultura. Trata-se de defesa. Nós, ingleses, somos tão tímidos que não temos coragem de encarar ninguém. Por isso, as pessoas carregam livros e jornais por todos os lugares. Às vezes, ninguém está lendo nada.

— Pois eu e Sakiko não temos esse problema. Porque desde que cheguei a Londres estamos sempre conversando nos trens e metrô.

---

[13] Tipo de lasanha de berinjela.
[14] Torta crocante de maçã.

— Bom, meninas, está na hora de descansar. Mas, antes, quero explicar algumas regrinhas básicas da casa: 1) O café da manhã é servido das 7h30 às 8h, de segunda a sexta. O jantar, sempre às 7h da noite. Somente aos sábados e domingos, o café da manhã é servido até as 10h. 2) Há uma lavanderia descendo a rua, onde vocês podem lavar e secar roupas por 5 libras. 3) Se a família de vocês telefonar, avisem a diferença de horário; usem os cartõezinhos de chamada internacional para gastar menos dinheiro com as ligações. 4) Se chegarem muito tarde das festas, não puxem a descarga, nem tomem banho, porque a casa é do século XIX. A tubulação faz muito barulho e acorda todo mundo. 5) Não convidem pessoas para entrar sem antes nos consultar. É isso. Alguma pergunta?

— Sim, e se não viermos comer em casa, algum problema? — perguntou Sakiko.

— Não. Vocês são livres, mas precisam avisar com antecedência para eu não preparar comida. Eu realmente fico muito triste quando alguém joga comida fora.

E logo fomos advertidas, pelos dois, de não deixar comida no prato e que, se a comida não agradasse, por favor tivéssemos a educação de comer tudo, e que fazer cara feia é tão desagradável quanto uma palavra indelicada. Mas tínhamos a liberdade de comer onde quiséssemos.

— Tudo bem, Nathalie, já entendemos. E se eu fizer alguma coisa de que você não goste, pode falar — eu disse.

— Pode deixar, Júlia, tenha a certeza de que direi — falou Nathalie sorrindo.

— Onde fica o ponto de ônibus? — perguntou Sakiko.

— Não se preocupem, é *piece of cake*[15]. Amanhã ela leva vocês — falou Richard.

— Durmam bem e acordem cedo. Boa noite.

***

Na porta do quarto, abracei Sakiko com muita alegria. Se não fosse por ela, estaria morando em um lugar horrível. Consegui ver o lado bom de nos mandarem para Forest Hill.

— Júlia, eles são tão carinhosos! E a casa é muito limpa.

---

[15] Facílimo.

— Sim, são educados e amáveis. Vamos dormir. Boa noite, Sakiko, nos vemos às 7h30 lá na cozinha.

Quando entrei no quarto, tinha sete chamadas não atendidas no telefone. Eram todas da minha casa no Brasil.

Liguei imediatamente e decidi contar que tinha mudado de *host family*. E comecei a conversa da seguinte maneira:

— Hoje fiquei muito ocupada porque mudei de casa. Estou com outra família.

Contei tudo para meus pais desde o início. Pedi desculpas por não contar a verdade, pois sabia que eles diriam para eu pegar o avião e voltar imediatamente para casa. Ficaram orgulhosos por saberem que eu estava me virando bem e disseram estar felizes por Sakiko ser uma boa amiga.

— Júlia, posso entrar? — perguntou Nathalie.

— Pode, sim — respondi deitada na minha confortável cama.

— Toda noite, antes de dormir, você precisa tirar o aquecedor de cobertor da tomada. É perigoso dormir com ele ligado.

— Este aqui? Nem percebi que era um aquecedor. Pronto.

— Boa noite, Júlia.

— Boa noite e muito obrigada, Nathalie.

Ela estava preocupada com meu bem-estar. Finalmente, senti a paz necessária para dormir sem medo de um amanhã incerto.

***

Dormi profundamente. Quando acordei, tomei banho e desci para tomar café. Sakiko já estava lá, *batendo papo* com Nathalie. Já havia aprendido o caminho para a escola. Tinha mapas para nós duas.

— Bom dia, Júlia. Dormiu bem? — perguntou Nathalie servindo o café da manhã.

— Sakiko já sabe onde é o ponto de ônibus e já expliquei como voltar. Vocês podem usar o ônibus, metrô, ou os dois.

— E quanto tempo leva para chegar à escola? — perguntei.

— Se forem de ônibus até Covent Garden, cerca de uma hora. Se usarem ônibus e metrô, cerca de 37 minutos — disse Nathalie.

— Já que é cedo, podemos ir de ônibus e *curtir* a cidade, Júlia.

— Tudo bem, Sakiko — respondi.

Após o café da manhã, seguimos para o ponto de ônibus. Estava a dois minutos a pé de casa. Era charmoso andar naquele *double decker*[16]. Subimos as escadas e nos sentamos na primeira fileira, em frente a uma enorme tela de vidro. Era como um grande aquário, sendo que o fundo do oceano era Londres.

— Foi muito divertido. Parece que agora estou realmente em Londres — disse. Pois era assim que me sentia.

— Também gostei. Olha, a escola está logo ali. Vamos, Júlia.

Vimos Jimena chegando à escola, mas ela nos ignorou. Isso me deixou momentaneamente triste.

***

A vida voltava a ser generosa comigo. Morava bem, estudava em uma ótima escola, estava começando a fazer amigos. Um dos primeiros foi Paolo, que anunciou para toda a classe que na sexta-feira haveria uma festa no Soho[17]. Estava convidando todo mundo. Seria um lugar para dançarmos. Sakiko e eu aceitamos o convite, mas os outros colegas não demonstraram interesse. Seria minha primeira sexta-feira com *happy hour* em Londres. Por isso, os Petters foram dispensados de nos fazer sala.

— Bom, então hoje vocês não vêm jantar em casa, garotas? — perguntou Nathalie, sempre com um timbre de voz alegre.

— Vamos sair para jantar com nossos amigos da escola e depois vamos dançar — falou Sakiko.

— Mas voltaremos depois da aula para nos arrumar. Não vou sair com todos esses cadernos — falei.

— Júlia, você está muito bem. Para que quer voltar para casa? Vai se cansar. Tudo em Londres é cedo, porque tem horário para vender bebida nos bares.

— Mas sair assim de jeans? Com esse tênis — perguntei como se estivesse inadequada para a noite.

— Querida, você está em Londres! Aqui ninguém se importa com seus sapatos. Aqui todos são práticos e *casual*[18]. Olha a Sakiko.

— Lá em Tóquio também é assim. Deixe os livros, leve somente um caderninho de anotações na mochila — falou Sakiko delicadamente.

---

[16] Ônibus de dois andares, típico de Londres.
[17] Bairro boêmio de Londres. Durante a noite, as ruas se transformam: música, danceterias e os bares ganham vida.
[18] Informais.

Na escola, conhecemos o *roommate*[19] do Paolo Lampedusa. Era um jovem francês, que estava em um nível de inglês acima do nosso. Foi simpático. Almoçamos todos juntos em um restaurante italiano.

— Onde vocês moram? — perguntou Sakiko.

— Próximo à *Paddington Station* — disse o francês.

— Desculpe, qual o seu nome? — perguntei.

— Charles, mas todos me chamam de *Blondine*.

— O que vamos fazer depois do almoço? Que tal um cinema, já que sexta-feira a escola não funciona à tarde? — perguntou Sakiko.

— Ótimo, mas antes vamos caminhar um pouco. Comi muito — disse Blondine.

— Acho que seria melhor conhecer algum lugar bonito até chegar a happy hour. Vocês já conhecem a *National Gallery*? — perguntou entusiasmado Paolo.

— Lá estão os *Girassóis* de Van Gogh e outras grandes obras — disse Blondine.

***

Paolo era maduro. Além de ser divertido, parecia gostar de arte. Já tinha feito intercâmbio antes e era apaixonado por dança.

Todos respondemos que não conhecíamos a obra verdadeira.

— Então vamos a pé, porque esta cidade é muito bonita para ficarmos debaixo da terra — disse Paolo.

O dia estava lindo. Parecia novamente uma tarde de primavera em pleno inverno. Estávamos com muita sorte em relação ao clima. Na frente, caminhavam Sakiko e Paolo. Pareciam estar se divertindo. Eu vinha atrás com o francês. Ele contava como era a vida em Paris. Tinha namorada. E eu escutava mais do que falava.

— Júlia, quem é o cantor mais famoso do Brasil? — gritou Paolo.

— No exterior, deve ser o João Gilberto. Ele criou a Bossa Nova — respondi.

— De jeito nenhum, a Bossa Nova surgiu na França. Esse *cara* aí roubou dos franceses — disse Blondine.

---

[19] Colega de quarto ou de casa.

— Não liga não, Júlia. Assim são os franceses. Todas as coisas boas foram criadas por eles. Ei, *Blondine*, quem criou as *putas*? — disse Paolo.

— Obviamente que os franceses — caímos todos na gargalhada.

Estava me divertindo.

— Quantos anos você tem, *Blondine*? — perguntei.

— 25. Acabei de terminar a faculdade de publicidade e propaganda e estou de férias por algumas semanas.

Quando chegamos à *National Gallery*, descobrimos que havia uma exposição de Ron Muek. Ninguém conhecia o artista, mas ficamos impactados com o que vimos. Eram esculturas imensas que representavam seres humanos. Tudo parecia muito real.

Uma obra chamada *Pregnant Woman*[20] nos deixou perplexos. Escultura gigante de uma mulher grávida.

— Só faltava romper a bolsa e nascer uma criança do tamanho de um bezerro — disse Paolo para todos.

— Pronto. Agora temos um crítico de arte!? O que vocês acham, Júlia e *Suzuki*?

— Sakiko, *Blondine*. Estou apenas pensando. Não sei se contei, mas vou começar a dar aulas de dança próximo da escola. Um dia convido vocês para irem lá.

— Vamos ver os Girassóis? — falei.

***

Os Girassóis estavam lá, esperando nossa visita e a de centenas de outros turistas.

— Bom, agora vamos tomar uma cervejinha e depois dançar. Tem alguém cansado aqui? — perguntou Paolo.

— Não! — respondemos os três.

Fomos caminhando para o Soho.

— Esse lugar é muito legal e barato. Vamos ficar aqui — disse Paolo.

O *pub*[21] era grande, revestido em madeira, muito bem iluminado. Lembrava uma gruta secreta.

— O que vão beber? — perguntou Paolo.

---

[20] Grávida.
[21] Estabelecimento comercial onde se servem bebidas alcoólicas na Grã-Bretanha.

— Cerveja — disse *Blondine*.

— Quero um *Dry Martini* — disse Sakiko.

— Quero água — falei.

— Júlia, água não, não seja chata — disse Paolo — Toma um *Dry Martini*. Eu pago.

— Não sei.

— Realmente, você ainda não sabe o que é melhor para você. Vai tomar um Martini, e eu também — determinou o italiano.

Logo no primeiro gole, senti o impacto do álcool, por isso fui bebendo lentamente. Percebi que, como na dança, eu tinha que encontrar o ritmo certo.

— Que delícia! O gosto e o perfume são maravilhosos. Amei. Obrigada, Paolo, vou tomar outro — falei.

— De nada, mas vai com calma que é muito forte. Talvez um já seja muito para você. Come esses *nachos*[22] aqui — apontou para uns triângulos amarelos que tinham sabor de milho.

— *Cheers*[23], amigos! — disse *Blondine*, com seu charmoso sotaque francês.

— *Cheers*! — brindaram todos.

***

Ficamos cerca de duas horas no bar, conversando e rindo. Paolo contou que na semana seguinte estaria muito ocupado porque começaria a trabalhar como coreógrafo.

— Prontos para a melhor parte do dia? — perguntou o italiano.

A vida noturna em Londres começa cedo.

— Chegamos — disse Paolo empolgado.

— Chegamos aonde? Aqui só tem uma igreja. *Tá louco?* — disse *Blondine*.

— É aqui mesmo? — disse Paolo.

— Nossa, que religião é essa? — perguntei.

— Olha, Paolo, não tenho religião, mas se for legal eu topo entrar — disse Sakiko.

---

[22] Tortilhas de milho.
[23] Viva, saúde!

— É, Sakiko. Já tinha percebido que você é uma garota esperta. Júlia, essa menina é muito especial. Nem todas as japonesas são assim. Vamos, me sigam! — ordenou Paolo.

A igreja tinha uma arquitetura neogótica e belos vitrais. Na porta, jovens faziam fila para entrar. Estavam alegres. Para minha surpresa, tratava-se de uma casa noturna. Dentro, os jovens dançavam como loucos.

— Vamos tomar nosso segundo Martini? — perguntou Sakiko.

— Claro! — eu gritava para ser escutada.

— Júlia! A minha religião é a dança! — gritou feliz Paolo.

O italiano dançava tão bem! Parecia um bailarino profissional. Pulava, gritava. Não demorou muito para todos dançarem em volta dele. Me puxou para dançar, senti que estava nas nuvens.

— Mais um Martini, Júlia? — perguntou Sakiko.

— Pode pedir.

Sakiko dançava desengonçada. *Blondine* beijava uma garota. Eu imitava os passos de Paolo. A boate parou para assistir ao espetáculo de Paolo e eu achei que estava imitando muito bem o italiano. Pelo menos foi essa a impressão que tive depois de beber dois Martinis.

***

Dançamos muito. Não havia nada melhor do que um bom par de tênis para aproveitar aquele momento. Nathalie estava certa. Dançamos e bebemos tanto que nos esquecemos da hora. Londres sempre teve horário para tudo. Os trens e metrôs não funcionavam 24h. Já eram 3h da manhã quando deixamos a *igreja*, ou melhor, a boate. Todas as estações de metrô estavam fechadas. Como voltaríamos para casa?

— Vamos tomar um táxi — disse o Paolo.

— Os *black cabs*[24] são caros, mas há táxis mais em conta. São carros comuns, e cobram barato — disse o *dançarino*.

— Já li sobre esses táxis. São perigosos. Os únicos táxis recomendáveis são os *black cabs*. Não vou pagar um *black cab*. É muito caro.

— Bom, meninas, nós já vamos... de táxi barato. Vocês se cuidem. *Bye* — disse Paolo. *Blondine* já estava dentro do carro dando tchauzinho.

— Vamos, Sakiko, vamos fazer o mesmo, estou cansada. Minhas pernas não aguentam mais — implorei.

---

[24] Táxis de cor preta, típicos de Londres.

— Júlia, não vou entrar nesse táxi. Vou de ônibus. Se quiser pode ir só. Não me importo.

— Eu pago o táxi. Estou muito cansada. Não consigo mais andar. Vamos, *Sakiko Fujiwara*!

— Não, obrigada. Pode ir, Júlia.

No táxi, pensei: "muita alegria é sinal de tristeza". Estava tudo tão bem, mas havia me desentendido com Sakiko. E por que aconteceu isso, justamente no melhor dia que havia passado em Londres? O caminho para casa foi muito agradável. A cidade estava linda, silenciosa e iluminada. Foi um grande *city tour*[25]. Eu cantava baixinho a música que tinha escutado diversas vezes naquela noite, *There she goes again / She's knocked out on her feet again*[26].

***

Sakiko ainda não havia chegado. Já eram quase 4h da manhã. Estava muito exausta, coloquei meu pijama. Fiz xixi sem puxar a descarga e dormi feito um bebê. Quando acordei já eram 2h da tarde. Sakiko não estava no quarto. Escovei os dentes e desci de pijama com muita pressa. Parecia que todos tinham saído, não havia ninguém na cozinha. Escutei o barulho da televisão na sala. Abri a porta bem devagar. Richard me observava.

— Boa tarde, Richard. Dormi muito. Você viu a Sakiko? — falei, ansiosa por notícias.

— Boa tarde, Júlia. Sakiko saiu bem cedo. Nathalie saiu com algumas amigas. Precisamos conversar. Sakiko me contou que ontem você tomou um táxi não credenciado.

Eu o interrompi.

— Verdade. E a Sakiko veio de ônibus. Que loucura!

— Loucura foi o que você fez.

— O quê? Nunca imaginei que Sakiko fosse fofoqueira.

— Preste atenção. Se alguém fez loucura aqui foi você. Poderia estar morta. Sabia que nesses táxis acontecem roubos, estupros e mortes? — ele estava irritado. Parecia um pai enfurecido.

— Mas, Richard, eu pensei ao contrário. Lá no Brasil eu jamais pegaria um ônibus para voltar de madrugada para casa.

---

[25] Passeio turístico pela cidade.
[26] Lá vai ela de novo / Ela está de pé novamente.

— Você está em Londres. Se for pegar um táxi, que seja um *black cab*, porque é seguro.

— Não sabia — falei de cabeça baixa.

— Os motoristas de *black cab* levam quatro anos estudando para poder dirigir esses carros.

— Nunca mais vou fazer isso. Obrigada por me explicar. Aqui tudo é diferente. Toda hora tenho que aprender algo. É muito cansativo.

— Assim é a vida. Mesmo na minha idade, continuo aprendendo.

— Vou me vestir para sair e caminhar um pouquinho.

— Se eu pudesse caminhar, iria ao Southbank.

— Onde fica isso?

— No mesmo lugar onde está o Royal Festival Hall.

— Então é para lá que eu vou. Vou trocar de roupa e passo aqui com o mapa, para você me ajudar. Por favor, avise a Nathalie que não venho para o jantar.

***

Estava com sorte. Tinha sido uma semana inteira de sol. Richard explicou como chegar a Southbank. Era melhor ir de metrô para aproveitar a luz dia. O prédio do Royal Festival Hall era grande. No primeiro piso, havia um restaurante. Aproveitei para fazer minha primeira refeição. Pedi um salmão que veio acompanhado de molho de ervas e, de sobremesa, uma torta de *ruibarbo*. Pensei em assistir algo no teatro, mas já tinha gastado muito no dia anterior. Apenas peguei a programação do mês de março e levei comigo.

A área era belíssima. Tinha museus, complexos de cinema, muita coisa para fazer, sozinha ou acompanhada. Caminhei tranquilamente observando as pessoas e o rio Tâmisa. Pensei como era bom ser livre. De repente, o telefone tocou. Eram meus pais. Estavam felizes e saudosos.

— *Tô* na frente do Tâmisa, perto do Royal Festival Hall, caminhando.

Disse que poderiam ficar tranquilos porque não estava faltando nada.

— A família que me recebeu é maravilhosa. Se precisarem falar comigo é só ligar para lá, mas sempre depois das 8h30 da noite, quando termina o jantar. E não liguem depois das 10h da noite, porque já estará tarde.

***

Caminhei muitos quilômetros pela área de Southbank. Estava sem pressa. Não senti o tempo passar. Lembrei que a maioria dos meus amigos estava provavelmente cursando o primeiro semestre da faculdade. Alguns talvez trancados na escola em uma terrível rotina de estudos.

Quando cheguei em casa, todos estavam recolhidos, inclusive Sakiko. Tomei banho, troquei de roupa e dormi. Quando acordei às 10h, já havia passado da hora de tomar café em casa. Então, vesti uma roupa e desci. Fui até a sala de estar para dar bom dia aos Petters.

— Bom dia, Nathalie. Bom dia, Richard.

— Bom dia, Júlia. Como foi em Southbank? — perguntou Richard.

— Bom dia, Júlia. Você dormiu muito! A Sakiko estava esperando você acordar para sair — disse Nathalie.

— Eu adorei caminhar pela orla do Tâmisa. Não consigo acordar antes das 10h nos fins de semana. Vou ver se ela ainda está aqui.

— Você janta em casa hoje? — perguntou Nathalie.

— Vou primeiro falar com a Sakiko.

Subi as escadas correndo e bati na porta.

— Sakiko, você está aí?

— Júlia! — respondeu uma voz alegre.

— Bom dia, quero pedir desculpas por não ter te acompanhado no ônibus. Somos irmãs ainda?

— Júlia, você é como uma irmã para mim. Estava esperando você acordar. E não aconteceu nada, esqueça aquilo. Quero convidar você para comer em um restaurante japonês muito legal, e depois podemos ver uma exposição na *Royal Academy of Arts*. É sobre os astecas.

***

Sakiko não guardava ressentimentos. Agia de forma amorosa, estava sempre sorrindo. Nada a aborrecia.

— Astecas? Aqueles do México? — perguntei.

— Isso. Olha aqui o folheto.

— Quero, sim. Então, não vamos jantar em casa?

— Não.

Descemos para avisar que não iríamos jantar com os Petters.

— Podemos saber onde as garotas vão passear? — perguntou Nathalie.

— A Sakiko me convidou para ir...onde mesmo, Sakiko? Esqueci o nome.

— Vamos à *Royal Academy of Arts* ver uma exposição sobre os astecas.

— Então, aproveitem e comprem alguns chocolates na Fortnum & Mason. Passem o mapa, por favor, para eu marcar o caminho — disse Richard.

Richard marcou no mapa as distâncias. Ele e Nathalie nos desejaram bom domingo e saímos felizes. No ônibus, conversamos sobre o que tínhamos feito no sábado. Sakiko disse que tinha sido monótono, pois seus amigos japoneses a forçaram a ir ao museu de cera Madame Tussaud.

— Júlia, primeiro vamos ao restaurante. Você está vendo essa foto? — mostrou uma revista toda em japonês.

— Estou, mas não entendo nada.

— Aqui diz que esse é um restaurante muito bom de comida japonesa em Londres. São comidas de rua, mas deve ser uma delícia. Está na Carnaby Street. Depois, seguiremos a pé até a exposição e terminaremos nos chocolates. O que acha?

— Acho boa ideia.

O restaurante era muito simples. Estava em uma rua perpendicular à Carnaby Street. Tinha fachada de vidro, com uma armação de ferro bem velha. Do lado de fora, podia-se ver que havia somente orientais. Ao entrar, escutei ruídos que lembravam crianças tomando sopa. Todas as atendentes eram mulheres.

— Licença, desejam uma mesa? — perguntou uma moça com sotaque de japonês.

— Para duas pessoas — respondeu Sakiko.

— Temos mesa no andar de cima. Podem me acompanhar.

***

O restaurante era pequeno e estava lotado. Felizmente, no andar de cima havia uma mesa disponível. O cardápio mostrava fotografias de todos os pratos em duas línguas.

— Sakiko, não sei o que pedir. O que você recomenda?

— Recomendo os *noodles* com frutos do mar. São macarrões fritos, deliciosos.

— O que você vai comer?

— Vou pedir um *chicken teriyaki don*.

— Então, vou pedir igual a você.

— Não, Júlia, eu queria comer *noodles*, mas não posso. Estou muito gorda.

— Gorda? Você é normal. Então eu também sou gorda, tenho quase a sua altura e provavelmente o mesmo peso.

— Preciso lembrar de que voltarei para o Japão e, como estou, serei considerada gorda. Sabia que no Japão há um elevado índice de anorexia?

— Não. Que horrível!

— Com licença, o que vão querer? — perguntou a garçonete.

Fizemos os pedidos e continuamos conversando.

Primeiro chegou uma sopa de soja. Para minha surpresa, Sakiko comeu fazendo barulho.

— Por que todo mundo toma sopa fazendo barulho? — eu estava achando estranho.

— Porque isso demonstra que gostamos da comida. É grosseiro comer em silêncio — disse Sakiko, ensinando seus hábitos.

Fiquei calada. Quando a comida chegou, tudo parecia muito gostoso.

— Que delícia, esse macarrão é diferente, adoro essas ostras misturadas com mexilhões e camarões — falei.

Sakiko riu muito.

— Que bom que você está gostando. Mas está segurando o hashi errado. Preste atenção — disse Sakiko, rindo.

— É por isso que você está rindo?

— É, mas se quiser pedir um garfo, não tem problema. Prova minha comida.

— Que delícia! É picante. Tudo aqui é gostoso.

— Você tem quer ir ao Japão um dia. A comida é maravilhosa. E pode ficar hospedada na minha casa.

— Muito obrigada. Você está convidada a ir ao Brasil e pode se hospedar lá em casa.

Nós duas nos deliciamos com a refeição e terminamos pedindo um chá de jasmim. Achei difícil segurar a xícara, pois não tinha alças.

— Júlia, segure o chá por baixo, não pelas laterais. Você pode queimar as mãos.

***

Eu fazia tudo o que Sakiko recomendava. Era minha professora para *assuntos nipônicos*. Quando terminamos, cada uma pagou sua própria conta e fomos direto para a *Royal Academy*.

A caminhada não era longa. Tomamos a *Piccadilly Road*, onde havia muitos prédios no estilo neoclássico, e conversamos sobre os hábitos de nossos países.

— Júlia, seu pai é bom marido? — perguntou Sakiko.

— Bom marido? Veja, ali está escrito "Astecas" bem grande — apontei.

— Júlia, não aponte. Isso é grosseiro.

— Eu sempre esqueço isso. Que lindo lugar, *né*, Sakiko?

— Muito lindo, vamos comprar as entradas.

— A respeito do que você perguntou há pouco, acho que minha resposta é sim. Apesar de que meu pai, às vezes, esquece o dia do aniversário de minha mãe.

— Mas como você sabe que ele é bom marido?

— Se ele é bom pai, deve ser bom marido. Certo?

— Meu pai não é bom marido. Ele tem uma *gueixa*.

— Uma *gueixa*? Aquelas mulheres com as caras pintadas de branco? Que mau gosto.

Sakiko riu. Sempre cobria a boca com as mãos quando ria.

— Você não sabe que as gueixas são amantes?

— Não, Sakiko.

— Então seu pai não tem amantes?

— Que eu saiba, não. Nossa vez de pagar os ingressos.

Compramos os ingressos e entramos no museu. O edifício era grande. As pessoas dentro do museu eram de todas as idades. Caminhamos em várias salas repletas de história da cultura mexicana. Havia uma máscara de jade verde que era disputada pelos visitantes.

— Veja que magnífica esta máscara verde. Estou impressionada com as joias de ouro, prata... — fiquei encantada com os objetos que estavam à minha volta.

— Você ficaria impressionada com a riqueza arqueológica do México. É um país incrível — disse Sakiko.

— Você é uma caixinha de surpresas. Conhece o México? Como?

INTERCÂMBIO: "MANUAL" DE SOBREVIVÊNCIA

— Graças a meu pai. Ele é péssimo marido, mas, como pai, não tenho do que reclamar. No ano passado, foi convidado a dar uma palestra no México e me levou.

— O que ele faz?

— É arquiteto.

***

A Fortnum & Mason ficava a dois minutos de onde estávamos. A fachada da loja era muito delicada. Um funcionário com roupa elegante e cartola abriu a porta. Dentro, as luzes brilhavam. Nos balcões de chocolates, os atendentes usam luvas para servir os produtos. Comemos muitas trufas de *Pink Champagne* e *Dark Sea Salt Caramel Truffles*[27].

Todos os chocolates que eram vendidos em caixas também eram comercializados no balcão por unidades.

— Qual vamos levar para os Petters? — perguntou Sakiko, empolgada.

— Um momento, Sakiko, eu já não consigo mais raciocinar.

***

Tinha sido um domingo maravilhoso. No caminho para casa, tomamos um ônibus. O trânsito estava tranquilo e, mais uma vez, tínhamos tido a sorte de nos sentar no segundo andar na frente da grande janela transparente.

— Que dia incrível, Sakiko. Muito obrigada pela companhia.

— Foi muito legal. Muito obrigada, Júlia.

— Se for sair no próximo fim de semana, pode me chamar.

— Esqueci de te contar. No próximo fim de semana, vou viajar. Estarei em Bruxelas. Viajo na quarta-feira. Vou comer waffles.

— Sério!? Vai pra Bruxelas só por causa daquele biscoito, ou sobremesa, coisa assim?

— Dizem que são os melhores do mundo.

— Poxa! Tem que ser!

Richard e Nathalie eram muito unidos. Quando chegamos, estavam assistindo televisão.

— Olá, amigos — falei, batendo na porta de madeira que dava para a sala.

— Olá, garotas — responderam os dois.

— Gostaram do passeio? Quais são as novidades? — perguntou Richard.

---

[27] Champanhe Rosa e Trufas de Caramelo e Sal Marinho Escuro.

— O domingo foi muito agradável, disse Sakiko — trouxemos uma lembrancinha para vocês.

Tirei da sacola os chocolates e entreguei para Nathalie. Eles ficaram rubros. Demonstraram-se muito gratos.

— Que gentileza, meninas, não precisavam se preocupar. Vocês devem economizar seu dinheiro — disse Richard.

— É para agradecer o carinho que vocês têm por nós — falei.

— Exatamente, o carinho — completou Sakiko.

— Acho melhor vocês descansarem para amanhã — disse Nathalie.

— A Sakiko vai viajar — falei.

— Ela nos avisou pela manhã — disse Richard.

***

Despedimo-nos e subimos para os quartos. Eu fazia o mesmo ritual de sempre: banho, pijama e um rápido telefonema para casa. Deitada na cama, pensei que tudo era mágico, o tempo estava passando rápido, eu era feliz *e sabia*. Estava experimentando pela primeira vez na vida o sentimento de liberdade. Londres era uma cidade que permitia desprender-se de conceitos e coisas que não tinham a menor importância.

Quando acordei, senti uma enorme preguiça, mas era necessário começar mais uma semana de rotina. Peguei o ônibus com a Sakiko e na escola encontrei os novatos em fila no lobby. Segui direto para a sala para ver quantos tinham partido.

Foi nesse dia que olhei diferente para meu professor. Não sei que maluquice deu na minha cabeça, mas achei o professor interessante. Mike era americano, deveria estar próximo dos 40 anos. Contou que já tinha vivido em vários países, pois a escola tinha franquias espalhadas pelo mundo. A última cidade em que havia morado era Hong Kong. Quando sorriu, achei que tinha algo do Leonardo DiCaprio.

— Júlia, responda a próxima questão — disse Mike.

— Desculpe, me perdi, Mike.

— Qual é o seu exemplo de *hang out*[28]?

— *We can just hang out and have a good time*[29] — respondi para Mike.

---

[28] Sair para se divertir.
[29] Podemos sair e nos divertir.

Mike era um sujeito muito simpático. Tratava a todos de igual forma. Porém, comecei a querer estar mais presente em suas aulas respondendo a todas as suas perguntas e deixando pouca oportunidade para os outros alunos da sala. Mas acho que ninguém percebeu. Preferi pensar assim.

***

Ao voltar para casa, não falei para Sakiko sobre meus pensamentos. Tinha sido um dia pesado de obrigações a cumprir. Ao chegar, tive que resolver os exercícios de casa. Jantei com todos e depois fui dormir.

No dia seguinte, vi mais uma leva de alunos novos chegarem. A novidade era a aluna italiana que roubou a atenção de Mike a manhã inteira. Falava inglês melhor do que eu e tinha muita segurança. Deveria ter cerca de 30 anos. Era bonita e charmosa. Mike comentou em sala de aula que as mulheres mais belas do mundo eram as italianas. Percebi que estava em muita desvantagem. Se fosse para ter um amor platônico, era melhor eu encontrar alguém da minha idade, pois uma pessoa madura, e na condição de professor, não seria inconsequente a ponto de alimentar as fantasias de uma jovem de 18 anos.

***

No período da tarde, na aula de estudos culturais, conheci uma brasileira. A escola era como um *ônibus*. As pessoas estavam ali por períodos diferentes. Para uma aluna como eu, que ficaria por muitos meses, pouco a pouco aprendi a me distanciar e ser indiferente com a presença temporária de alguns alunos.

— Qual é o prato típico dos seus países? — disse o professor de estudos culturais. Vamos começar pela Sarah.

Ele já conhecia Sarah. Isso indicava que não era novata, mas desde que eu havia começado meu pacote de aulas, nunca havia visto aquela moça.

— Feijoada, feita com feijão e carne de porco — respondeu Sarah com um sotaque muito forte e logo percebi que se tratava de uma brasileira.

A sala era pequena. O número de alunos era bem reduzido: quatro pessoas. Além de mim e Sarah, havia um polonês e um russo.

— E você, Júlia? O que tem a nos dizer?

— Não sei, não tenho muitas opções — respondi com preguiça de falar dos pratos típicos do Brasil, que sempre achei que não são muitos.

— Todo mundo já falou. Você tem que dizer algo, ou vamos pensar *que você não pensa* — disse o professor.

Os professores instigavam os alunos. Era uma espécie de jogo que sempre funcionava.

— Bom, temos um prato que parece uma sopa feita com camarões e peixe chamada *moqueca*. É servido muito quente; a aparência é amarela — falei, mas...

Sarah interrompeu a apresentação.

— Sabia que você era brasileira! Eu sou de Minas — disse, entusiasmada, Sarah.

— Ah, que legal, mas vocês podem conversar quando terminar a aula — disse o professor, preocupado em manter a ordem.

No final da aula, Sarah aproximou-se de mim. Tinha um semblante de quem vivia com cólica, mas não podia julgá-la sem conhecer.

— Seu nome é Júlia, *né*?

— E você é Sarah. É a primeira vez que a vejo na aula.

— Tenho faltado muito porque estou trabalhando. Quer tomar um café?

— A minha *roommate* vai viajar eu preciso falar com ela.

Na entrada da escola estava Sakiko, sempre cercada de pessoas, principalmente japoneses.

— Oi, Júlia, foi boa a aula? — perguntou Sakiko.

— Foi ótima. Conheci esta brasileira. Sarah, esta é a Sakiko.

— Oi, Sarah, muito prazer.

— Muito prazer, então, vamos tomar um café? Prometo que vai ser rápido, garotas — insistiu Sarah.

— Qual o horário do seu voo, Sakiko?

— É amanhã de manhã, mas vou à noite para o aeroporto, para economizar com o transporte.

— Podemos ir com a Sarah tomar um café? — perguntei, como quem pedia uma resposta positiva.

— Vamos. Só não quero chegar atrasada para o jantar. Os Petters estão nos esperando.

***

Nós três fomos para um bar que ficava em Covent Garden. Sakiko mais uma vez se retraía e falava pouco. Grande parte da conversa foi em português, e Sakiko era praticamente invisível para Sarah.

— Quantos anos você tem? — perguntou Sakiko.

— 23. E vocês?

— Eu tenho 18. E a Sakiko, 19. Você é a primeira brasileira que conheço aqui.

— Na escola há dois grupos de brasileiros: os que vieram para estudar e os que vieram para ficar. Estou no segundo grupo, e quero ser aeromoça.

Sarah falava em português, ignorando o fato de Sakiko não entender. Sempre que Sakiko me convidava para sair com seus amigos japoneses, falavam inglês o tempo todo. No início, pensei que era para praticar, mas depois descobri que era por respeito a mim.

— Podemos falar em inglês? — perguntei, preocupada com Sakiko.

— Ah, a coitadinha não *tá* entendendo nada. Olha a cara dela de perdida. Júlia, tenho que te apresentar meus amigos — disse Sarah, seguindo a conversa em português.

No bar, Sarah pediu uma cerveja. Eu e Sakiko não pedimos nada.

— Desculpe, já temos que ir, vamos jantar em casa — interrompeu Sakiko.

— Vocês já vão? Acabamos de chegar. Júlia, você tem telefone? O que vai fazer sexta-feira? — disse Sarah como uma metralhadora.

— Tenho — escrevi o número em um papel e entreguei a ela — Não sei. Acho que vou estudar — respondi.

— Vou te apresentar meus melhores amigos. Que tal às 18h na *Waterloo Station*?

— Pode ser, me liga para confirmar na quinta-feira.

No caminho para casa, pedi desculpas a Sakiko. Ela era muito educada e gentil, como a maioria dos japoneses que conheci na escola.

— Sakiko, me desculpe por ter falado português. Sei que para vocês isso é grosseiro.

— Não se preocupe. Eu conheço você, sei que a culpa não foi sua. Ela não parece ser legal.

Fiquei me perguntando como ela sabia que alguém não era legal em tão pouco tempo. Talvez fosse ciúme de amiga.

***

Chegando em casa, fomos direto para a sala de jantar. Lá, Nathalie e Richard nos aguardavam. O jantar era lasanha, sempre acompanhado de uma saladinha.

— Tudo pronto para a viagem, Sakiko? — perguntou Richard.

— Tudo pronto. Vou levar só uma mochila.

— Quando você volta? — perguntou Nathalie.

— Domingo, mas vou chegar tarde. Não se preocupem com o meu jantar.

— E você, Júlia? O que vai fazer sem a sua amiga? — disse Richard.

— Vai ser muito chato, mas sobreviverei — falei, dramatizando.

Todos riram. Foi uma noite alegre. Aquela atmosfera familiar me encantava. Eu me sentia em casa.

Naquela noite, Sakiko contou como era a vida no Japão. Disse que Londres era velha e o Japão estava cheio de tecnologia por todos os lados. As casas eram modernas. O sistema de transporte, perfeito.

— Pior é no Brasil, Sakiko. O sonho de todo mundo é comprar um carro, pois o transporte público é muito precário. Dizem que por isso os brasileiros estão aumentando de peso. Acho que de tanto caminhar em Londres estou mais magra.

— Mas essa não é a fama que os brasileiros têm. É verdade que as brasileiras fazem muito exercício físico? — perguntou Nathalie.

— Bom, meu pai e minha mãe não ligam muito para isso. Acho que essa é a fama das pessoas do Rio de Janeiro.

— Não é verdade, acho que vocês têm uma cultura de muita vaidade. A maioria dos brasileiros, assim que chegam aqui em casa, quer saber onde está localizada a academia de ginástica — disse Richard.

— É, pode ser que vocês tenham razão — finalizei a conversa.

Richard conseguiu me deixar constrangida. Essas conversas cheias de estereótipos são sempre inúteis. Eu poderia falar mal dos ingleses, mas não seria educado. O professor de estudos culturais já tinha previsto esse tipo de conversa, e recomendou nunca contrariar a cultura das pessoas que acolhem você.

— Chega, Richard, não provoque a menina. Sakiko, fale mais do Japão. Como é sua família? — disse Nathalie.

— Minha mãe é dona de casa. Tenho um irmãozinho de 5 anos, o nascimento dele foi uma grande surpresa, mas nos trouxe muita alegria. Meu pai é arquiteto e desenha móveis.

— Sua mãe deve ter muito trabalho — disse Nathalie.

— Sim, tem uma vida difícil. Não deixa meu irmão por nada.

— Bom, eu e Richard somos aposentados, mas já trabalhamos muito. Richard trabalhava no planejamento do sistema de trânsito de Londres. Eu trabalhava no mercado imobiliário.

— A casa de vocês é linda e grande! Vocês sempre moraram sozinhos? — perguntou Sakiko.

— Essa casa foi comprada com a herança de Richard. Financiamos o restante do pagamento. Nosso filho Anderson, que hoje tem 35 anos, chegou aqui aos 8. Ficamos sozinhos porque ele se mudou para a Nova Zelândia. Por isso, decidimos aceitar os estudantes de intercâmbio. Adoro quando temos gente em casa — disse, alegre, Nathalie.

— Estamos nos organizando para ir para a Nova Zelândia no final do ano — disse Richard empolgado.

— Anderson é casado com uma australiana. Conheceram-se no trabalho aqui em Londres, mudaram-se no final do ano passado — continuou Nathalie.

— É formado em engenharia da computação. E desenvolve programas — disse Richard, orgulhoso.

Toda noite comíamos e depois *batíamos papo*. Era uma maneira divertida de aprender inglês. Eu via como se expressavam de maneira calma, sempre falavam baixo, sem alterar o tom de voz. Em minha casa, no Brasil, todos falavam alto e ao mesmo tempo. Meu nível de inglês melhorou muito graças a esses momentos descontraídos. Sempre aprendia algo novo durante as refeições.

***

Nos dias seguintes, fui sozinha para a escola. A italiana falava muito. O professor Mike parecia estar constrangido, ou fingia para disfarçar. Paolo havia voltado às aulas, seu semblante era de cansado.

Foi no intervalo que conversei com ele.

— Paolo, por onde você andava? E o Blondine?

— O francês já foi embora. Lembra que contei que fui convidado para trabalhar como coreógrafo?

— Lembro.

— Vou trabalhar no período da tarde. É uma rotina pesada, mas estou feliz. Você fica até quando?

— Até início de dezembro.

— Isso é um exagero. Você está em uma das melhores cidades do mundo e vai ficar enfurnada nesta escola?

— Tudo é novidade. Estou gostando das aulas e vim com o objetivo de aprimorar o inglês.

— Sua comunicação é boa. Mais três meses aqui e você vira professora.

— Não. Não é bem assim. Posso um dia ver você dançar?

— Pode, um dia te levo para uma aula.

Situação que nunca aconteceu.

Na quinta-feira à noite, recebi um telefonema de Sarah.

— Oi, é a Sarah.

— Oi, Sarah, tudo bem?

— Tudo bem, vamos para o pub amanhã?

— Não sei, tenho que estudar. Também quero economizar, estou gastando muito.

— Não vamos gastar dinheiro, vamos somente *jogar conversa fora*. Te pego na estação.

— Está bem. Onde?

— Na entrada da *Waterloo Station*, onde fica o Starbucks, às 18h.

— Certo.

Capítulo 3
Como dizer não para o álcool

A semana tinha sido cansativa. As aulas do período da manhã eram densas. O professor sempre passava muitas lições de casa, que eu resolvia à tarde na biblioteca da escola ou depois do jantar. Na sexta-feira, saí pronta para a diversão. Escolhi meu casaco favorito para me encontrar com Sarah. Na escola, fiquei quietinha e não saí para o intervalo.

Às 18h, encontrei-me com Sarah.

— Que legal, Júlia, ver você aqui! — gritou Sarah em frente ao Starbucks.

— Cheguei! Para onde vamos?

— Para um hotel, aqui próximo. Lá tem um bar.

Caminhamos uns cinco minutos e, quando chegamos ao hotel, acomodamo-nos em uma mesa que já tinha dois rapazes aguardando Sarah.

— Oi, pessoal, esta é a Júlia. É de Belém e estuda na Blue School.

— Oi, gente! Muito prazer, Júlia.

— Oi, Júlia. Sou Maurício, de Campinas.

— Sou Pablo, de São Paulo, capital. Sua cidade é quente *pra caralho* — a sinceridade dele me deu uma crise de riso.

— Júlia, hoje é seu dia de sorte. Estamos esperando um amigo nosso que é cineasta — disse Maurício.

— E o melhor é que ele paga tudo para nós. O *cara* é cheio da grana. Falei que você não ia gastar dinheiro — disse Sarah entusiasmada.

— Ele tem um nome complicado. Chamamos de *Morcegão* de tão lindo que é — disse Pablo, fazendo os amigos gargalharem.

— Olha ele chegando aí — informou Maurício.

Morcegão era indiano. Tinha uma careca com três fios de cabelo partido para o lado, corpo de pinguim e, quando sorriu para mim, entendi o motivo do apelido: dentes de *Conde Drácula*. Todos o chamavam de *Morcegão*. É claro que ele não fazia ideia da tradução.

— Boa noite, brasileiros. Garçom, traga-nos uma rodada de tequila — ordenou Morcegão.

— Gente, eu não vou beber — falei, lembrando do meu excesso de Martinis.

— É de graça, eu pago tudo. Tem uma cara nova por aqui. Quer comer algo? — disse *Morcegão*, olhando para mim.

— Não, obrigada — respondi.

— Qual é seu nome? — perguntou o feioso.

— Júlia.

— Que tal um trago de tequila para acompanhar todo mundo, Júlia? Ou você é menor de idade?

— Sou maior de idade. Bem, aceito um pouquinho de tequila.

***

Não sabia o que era tequila, mas logo chegaram as bandejas com copinhos que pareciam inofensivos. Pensei que seria uma bebida fraca e sem nenhum perigo de me embebedar. Como já disse, os copinhos eram tão pequenos...

— O desafio é tomar em um só gole — disse Sarah.

Um, dois, três, e engoli ao mesmo tempo que os outros. A cabeça girou, parecia que o cérebro tinha ido e voltado lá no teto. Depois, senti uma queimação horrível no estômago. Todos pareciam bem. Fingi estar bem.

Na mesa, entre os brasileiros, o melhor inglês era dos dois rapazes. Eu e Sarah estávamos distantes daquele tipo de fluência. Enquanto todos ignoravam minha existência, eu observava cada um deles. Aproveitei para fazer uma investigação.

— O que você faz, Maurício? — perguntei.

— Sabe aquelas bicicletas para passear com os turistas em Covent Garden?

— Sei. Morro de medo delas.

— Eu e Pablo aumentamos nossa renda dessa maneira. As gorjetas são ótimas e ajudam muito com nossas despesas. Tudo aqui é muito caro.

— Como se conheceram?

— Conheci Pablo no MBA que faço. Somos bolsistas. Matriculei-me por duas semanas na escola em que vocês estudam. Havia uma promoção para aulas de conversação. Conheci Sarah e a apresentei a Pablo.

Eu queria saber mais, porém, o *Morcegão* interrompeu a conversa.

— Júlia, você podia trabalhar em um dos meus filmes — disse *Morcegão*.

— Eu? Não, não. Não sei atuar.

— É bem fácil. A personagem é uma drogada. Eu ensino tudo o que você deve fazer. Garçom, mais uma rodada de tequila — disse Morcegão.

— Ei, gente, para mim não, já tenho que ir — falei, desesperada.

— E aí, você topa trabalhar no meu filme? — perguntou o *Morcegão*.

— Meu inglês não é suficiente para isso. Mas obrigada pelo convite.

***

Quando a bandeja chegou, tinha certeza de que ia dizer não. Mas o que fiz foi aceitar o copo que estava erguido nas mãos de Sarah, pronto para eu beber. Fiquei intimidada em dizer não. Pensei, *será que é assim que o povo começa a perder o limite das coisas? Mas é só hoje...*

O segundo trago tinha sido pior que o primeiro. Dessa vez, tive uma sensação de soco no estômago, seguido de tontura. Via os corpos se mexerem em câmera lenta.

— Tudo bem, Júlia? O segundo *shot* já te derrubou? — disse Mauricio, rindo da minha cara.

— Não. Estou *superbem*, mas tenho que ir embora — falei, tentando não demonstrar minhas fraquezas.

— Júlia, aqui tem quarto. O *Morcegão* paga para você — disse Sarah.

Foi aí que acionei o sistema máximo de atenção e entendi que Sarah estava ali porque era uma *tremenda malandra*, assim como seus amigos. Parecia que tinha recebido umas duas bofetadas quando escutei a palavra *quarto*. Sabia que estava em perigo.

— Bom, pessoal, eu já vou. Muito obrigada pelas bebidas — eu via tudo girar.

— Vamos te deixar na estação, não é, Mauricio? — disse Sarah como quem trama algo.

— Vamos, vamos — respondeu Maurício.

— Não precisa. Estou bem — eu queria me afastar com urgência daquelas pessoas.

No caminho para a estação, Sarah tentava me convencer a ficar. Mas, desesperada, acabei parando um táxi na rua. Queria sair de qualquer jeito de perto daquele grupo.

— Gente, eu agradeço. Essa noite foi muito legal, mas tenho que ir para casa. Depois a gente se vê. Tenho que entrar no táxi.

— Tudo bem, mas eu te ligo amanhã — disse Sarah.

— Tá bom. Tchau.

Eu tinha me livrado do *Morcegão* e seus *morceguinhos*, mas não esperava que a noite ainda tivesse outros constrangimentos. Já no táxi, senti um fogo dentro do meu corpo. Era uma sensação horrível de queimação.

— Moço, para o táxi que estou passando mal — gritei.

O motorista parou o táxi. Desci e coloquei tudo para fora. De repente, meu corpo deu uma trégua.

— Agora me pague, porque não transporto gente bêbada no meu carro. Aqui você não entra mais, saia daqui — disse o motorista.

***

Estava na frente da movimentada estação de *Charing Cross*, ainda distante de casa. Maldito motorista, esses caras do *black cab* são muito metidos. Continuei vomitando. As pessoas que passavam eram indiferentes. Ninguém ofereceu ajuda.

Segui para a estação, entrei no banheiro público e me limpei. Estava acabada. Comprei uma água e comecei a respirar fundo.

— Essa *trambiqueira* nunca mais chega perto de mim — falei em voz alta sentada no chão da estação.

Sakiko bem que tinha avisado. Sarah não era gente boa. Eu não podia baixar a guarda. Havia grandes pilantras naquela cidade de todas as nacionalidades. Depois de recomposta, fui até o ponto de táxi e peguei outro *black cab*. O passeio com Sarah tinha sido muito mais caro para meu bolso e minha autoestima.

O fim de semana serviu para recuperar as energias. Não saí de casa, tomei café da manhã e jantei com os Petters. Repensei sobre meus objetivos e estratégias. Precisava ser mais esperta e selecionar melhor meus amigos.

O mês de março estava começando. Depois da experiência desagradável no bar perto de *Waterloo*, estava mais dedicada aos estudos. Participava de todos os jantares com os Petters.

Uma noite, Sakiko bateu em minha porta.

— Oi, Júlia, tudo bem com você?

— Tudo.

— Desde que voltei de Bruxelas, você está diferente.

— Não se preocupe, eu apenas decidi estudar mais. Saí com alguns brasileiros quando você viajou e foi muito ruim.

— Júlia, entre aqui no meu quarto. Não vamos ficar falando no corredor. Trouxe um presente para você. São chocolates e biscoitos belgas.

— Muito obrigada. Devem ser deliciosos. Sakiko, você é tão legal, vou sentir muito a sua falta quando você for embora. Pena que o Japão é muito longe.

— Também vou sentir saudades, sempre lembrarei de você. Quando terminar o intercâmbio na Inglaterra, vou para a Itália — disse Sakiko.

— O que você vai fazer lá?

— Estudar italiano. Estudo Direito no Japão e quero fazer mestrado em Roma quando terminar a faculdade.

— Então, você já está na faculdade?

— Acabei o segundo semestre. Recebi apoio de minha família para fazer intercâmbio este ano. Acho que já domino bem a língua inglesa. Porém, italiano é o que mais quero aprender, que é muito difícil. Mudando de assunto, tenho uma fofoca para contar.

— Conta, Sakiko.

— Hoje, pela tarde, eu estava passeando em Kensington e vi o Mike com a italiana, andando de mãos dadas.

— Sério? Então, ele sai com as alunas?

— Pois é. Ele fingiu não me ver. Mas sei que me viu.

— Essa italiana é uma *bitch*. Esse *cara* é um *asshole*[30].

— *Bitch*? Que palavra forte, não acho que ela seja uma *bitch*, mas concordo que ele é um *asshole*! — Sakiko riu sem conseguir se controlar.

— Você se lembra da brasileira, a Sarah? — perguntei.

— Lembro.

— Você estava certa. A Sarah não é boa pessoa. Acho que ela quis me embebedar para eu sair com um amigo dela.

— Que horrível! Tome cuidado. Isso sim é uma *bitch*.

— Sempre que ela liga, não atendo. E se ela aparecer na escola, vou inventar uma desculpa.

— Muito bem, Júlia. O que você vai fazer amanhã depois da aula?

— Passear para ver coisas bonitas. É de graça.

— Você é engraçada — disse, rindo. Podemos almoçar juntas e, se der tempo, visitar o Victoria and Albert Museum.

— Combinado. Bom, vou dormir. Boa noite.

***

A rotina da cidade já era mais familiar para mim. No intervalo da aula, visitei o centro de informações aos turistas. Fiquei sabendo que haveria uma viagem para Dublin. Estava barata. Pensei que poderia ser uma oportunidade para falar mais inglês e conhecer pessoas novas.

— Bom dia, Dominic, lembra de mim? — falei como se fosse fácil lembrar de mim.

— Bom dia. Sinceramente, não, garota. Sabe quantos alunos temos aqui? Não importa. Em que posso ajudar?

---

[30] Ela é uma vaca! E ele é um babaca.

— Meu nome é Júlia. Falei com você no primeiro dia de aula. Vi o cartaz da viagem para Dublin.

— Será no final de março.

— Quanto custa?

— Está aqui neste folheto.

Olhei os preços com cuidado e confirmei a pechincha.

— Que legal! O preço é bem baixo — falei, feliz.

— Vai ser muito divertido. Eu mesmo serei o guia. É uma grande oportunidade para vocês melhorarem o inglês. Os irlandeses são mais simpáticos que nós, ingleses. Falam bastante.

— Volto na segunda-feira. Preciso pensar.

Fiquei na dúvida se podia fazer uma viagem internacional. Londres tinha muitas atividades que eu ainda não tinha conseguido aproveitar, pois estava sempre estudando e priorizando a rotina da escola.

— Tudo bem, Júlia, mas para mulher eu só tenho uma vaga.

Dominic disse de propósito que só tinha uma vaga. Ingenuamente, caí na conversa dele. Ainda não tinha me acostumado com o poder de tomar minhas próprias decisões. Passei minha vida inteira sob os cuidados de minha família e, de repente, tinha que decidir tudo e tomar conta de mim. Foi nessa inexperiência de ser livre que quase fui mordida pelo *Morcegão*.

— Então, eu pago agora — respondi por impulso.

Eu nunca tinha fechado um negócio tão rápido. Era a primeira vez que eu comprava uma viagem sem consultar minha família. Estava muito feliz. Fui para a sala contar para a Sakiko.

— Sakiko, comprei uma viagem para Dublin.

— Parabéns! Com quem você vai dividir o quarto?

— Dividir quarto!? Com ninguém.

— Pensei que vocês iam ficar em um *hostel*.

Eu não sabia o significado da palavra *hostel*. Fui procurar no dicionário e vi que significava albergue, ou seja, um estabelecimento com dormitórios e chuveiros coletivos. Eu tinha medo de compartilhar quarto com estranhos.

— Sakiko e Júlia, parem de conversar. Estão atrapalhando a turma — disse Mike, irritado.

— Mike, desculpe, preciso ir ao banheiro — falei, desesperada.

— Tudo bem — respondeu o professor.

***

Saí veloz feito um foguete. Para quem me via naquele momento, parecia que eu estava com dor de barriga. Mas o que eu tinha era desespero.

— Oi, Dominic.

— Oi, Júlia.

— Quero meu dinheiro de volta. Você não me disse que eu iria dividir quarto com outras pessoas.

— Sim, está no cartaz, pensei que você soubesse.

— Mas quero meu dinheiro de volta.

— Posso devolver seu dinheiro, mas acho que você vai perder uma experiência maravilhosa. Posso te colocar em um quarto com quatro meninas adoráveis e que procuram novas experiências, como você.

— Quatro? Você disse dividir o quarto com quatro pessoas? Nunca!

— Aqui na ficha que você preencheu, você disse ter 18 anos, mas o que vejo é uma *velha*. Com a sua idade, vai viajar como pela Europa? Desse jeito, você não vai sair de Londres.

— Tá bom. Eu vou. Se gostar, faço outras viagens com você.

— Vai adorar. Aproveite e leve as instruções da viagem. Vamos nos encontrar dia 29 de abril aqui na frente da escola, às 19h.

— Muito obrigada.

***

Quando a aula terminou, Sakiko e eu tomamos o metrô em direção a Knightsbridge: a estação de metrô mais próxima da loja de departamentos Harrods. Desde que chegara a Londres, era a primeira vez que visitava o lugar. Eu me perguntava quanto tempo levaria para conhecer aquela cidade toda. Provavelmente, até alguém que viveu lá a vida inteira não conseguiria explorar tudo.

— Aqui estamos, Sakiko!

— Adoro a decoração dessas vitrines. O que você acha das vitrines?

— São lindas. Mas a Harrods é uma loja muito cara.

— Podemos almoçar na Harrods. Eu tenho que comprar um casaco.

— Sakiko, não entendo você! Vai comprar um casaco na Harrods?

— É mais barato comprar aqui do que no Japão.

— Você teve pena de pagar um táxi e ainda acha um *black cab* caro...

— Acho. Me recuso a pagar uma fortuna em um *black cab*, quando o mesmo trajeto pode ser feito com segurança de ônibus. É tudo uma questão de bom senso.

Quando entramos na loja, a porta foi aberta por um senhor vestido de verde. Sempre achei o porteiro da Harrods parecido com o gnomo da festa de *Saint Patrick*. Pediu para eu tirar a mochila das costas. A primeira seção era de perfumes. Estava lotada. Era um dia especial porque a loja estava com alguns produtos em promoção. Sakiko e eu fomos para o setor de alimentos.

— Onde vamos comer?

— Eles têm um frango *rostizado* que é maravilho, servido com batata *gratin dauphinois*. As pizzas também são fantásticas.

A *rotisserie* ficava dentro do mercado da loja, perto do balcão de ostras. Um verdadeiro paraíso gastronômico. As pessoas comiam com prazer. Era um lugar onde comida é assunto de grande respeito. No balcão, segui a orientação de Sakiko. Quando o prato chegou, era um *galetinho* com verdura, servido com batata ao molho branco. Muito gostoso.

— Depois, vou levar você para as sobremesas.

— Se eu pudesse, comeria aqui todos os dias.

— Acho que não seria uma boa ideia. Você ficaria gorda — alertou Sakiko.

Degustamos o almoço. O idioma que menos se escutava era o inglês. Tive a impressão de que muita gente estava falando árabe, mas não sei identificar os idiomas que escutei. Também fiquei impressionada em ver mulheres circulando pelo espaço com uma vestimenta que cobria o corpo por inteiro. Só era possível ver os olhos. Estavam cheias de sacolas de grife. Após comermos, pedimos a conta e Sakiko me conduziu para fora da loja. Caminhamos cerca de cinco minutos.

— É aqui, Júlia.

Tratava-se de uma *pâtisserie* muito antiga. Fachada e interior de madeira e mármore. Na vitrine, donuts recheados, bolos decorados com muita delicadeza, *macaroons* coloridos.

— Como você descobre essas coisas, Sakiko?

— Meu guia japonês é muito bom. Se você soubesse japonês, deixava para você.

— Um dia aprendo seu idioma. Vamos entrar?

Fiquei encantada, os lustres eram de cristal e refletiam as cores do arco-íris.

— Boa tarde, senhoritas, posso ajudá-las? — perguntou o atendente. Usava luvas como na Fortnum & Mason.

— Sakiko, o que deseja?

— Por favor, um donut de framboesa e outro de baunilha. E uma água com gás.

Eu queria comer tudo o que estava na vitrine.

— Por favor, um donut, uma tortinha de morango e um éclair de chocolate — estava com água na boca. — E para beber, uma Coca-Cola com gelo.

— Aguardem um momento, por favor — disse o garçom.

Saboreamos os doces com alegria e prazer. Tínhamos mais uma coisa em comum: o amor por comidas gostosas.

— Júlia, agora que terminamos, temos que voltar para a Harrods.

— E o museu *Victoria and Albert*? Está aqui perto.

— Não temos tempo. Preciso comprar meu casaco.

— Tudo bem. Pensei que você tinha mudado de ideia.

***

Ao retornarmos para a loja de departamentos, Sakiko foi direto para a seção da marca *Burberry*. O casaco escolhido por ela era bege e tinha forro xadrez. Enquanto isso, eu esperava sentada em uma poltrona.

— O que você acha, Júlia? Está bonito?

— Está. Mas você sabe quanto custa?

— Custa caro. Sei que não está barato, mas é bem mais em conta do que no Japão.

— Sakiko, por que você não vai comprar lá fora? Eles têm uns iguaizinhos e custam menos de 100 libras.

— Mas eu quero muito o original. O preço está muito bom. E lembre-se de que bons produtos são para sempre.

— Como as verdadeiras amizades?

— Exatamente.

Sakiko comprou o casaco e se sentia feliz. Eu começava a ver outras realidades e não demoraria muito para conhecer outros jovens privilegiados que iam a Londres para morar, na faixa dos 19 a 25 anos, sem qualquer tipo de preocupação financeira.

***

Os Petters já estavam assistindo ao noticiário da BBC na sala quando chegamos. Acho que Sakiko ficou constrangida em contar que passamos a tarde em uma loja cara. Ela tinha vergonha de certas coisas, como — por exemplo — a forma como gastava dinheiro. Mesmo para uma família como a dos Petters, certos bens de consumo eram um verdadeiro desperdício. Como pertenciam a uma geração de sobreviventes da Segunda Guerra, o dinheiro não poderia ser gasto com coisas supérfluas. Sempre criticavam as novas gerações. Mas a imensa sacola verde que trazia na mão com o nome da loja a entregou.

— Então, vocês foram à Harrods! É uma loja muito cara — disse Nathalie.

— Ela comprou um casaco da Burberry — falei espontaneamente, mas Sakiko ficou roxa.

— Mas foi bem mais barato que no Japão — disse Sakiko, tentando justificar a compra.

— Eles têm uma seção de alimentos fantástica — disse Richard mudando de assunto.

Depois do jantar, conversávamos por no mínimo uma hora. Esses momentos eram importantes porque aperfeiçoávamos o inglês. Nem todas as famílias tinham paciência para dar tanta atenção aos intercambistas. Na escola de inglês, durante as conversas com outros jovens, percebi que nossa família inglesa era muito especial, pois meus colegas sempre reclamavam de serem apenas um bom negócio para as famílias que recebiam os alunos. Isso era comprovado pela experiência com *Ms. Marshall*.

— Tenho uma novidade. Vou viajar no fim do mês para Dublin — falei, empolgada. — Disseram-me que os irlandeses são muito simpáticos e adoram conversar com os estrangeiros.

— Eles bebem muito e, quando estão bêbados, falam muito mais — disse Nathalie.

— Não ligue para Nathalie. Ela sempre tem algo negativo a dizer sobre os escoceses e irlandeses. Dublin é uma cidade linda. Pena que chove muito — disse Richard. — Eu vi um artigo sobre o museu da cerveja *Guinness*. Parece muito bonito, você deveria visitá-lo.

— Quando é a viagem? — perguntou Nathalie.

— No final do mês, dia 29.

— Então, quando você voltar, já terei partido para a Itália — disse tristemente Sakiko.

— Eu não lembrava disso. Não quero que você vá, minha amiga.

O ambiente ficou triste. Nós duas parecíamos estar nos despedindo. Ficamos murchas, de cabeça baixa.

— Vamos já tirar umas fotos bonitas! Onde estão suas máquinas fotográficas? — disse Nathalie em tom alegre, mas na verdade ela não queria ver ninguém triste.

Nathalie passava a impressão de estar sempre cheia de energia e alegria. Não era sentimentalista, mas tinha um coração enorme. Queria ver todo mundo feliz. Gostava muito de Sakiko e de mim. Demonstrava esse afeto no cuidado que tinha em arrumar o quarto, deixava sempre uma flor natural no vasinho. Quando cozinhava, repetia os pratos de que mais gostávamos e elogiávamos. Mostrava seu carinho por intermédio das atitudes, e não por palavras, como faz a maioria dos britânicos.

***

Richard era muito carinhoso, mas Nathalie nos contou que ele era muito fechado. Raramente se abria para os hóspedes. Tinham prazer em conversar após o jantar, gostavam de programas de gastronomia na TV e, às vezes, Nathalie preparava para nós receitas que havia aprendido na televisão. O casal valorizava os livros, os quais encontrávamos em todos os lugares da casa. Uma vez por ano faziam viagens internacionais. Adoravam cruzeiros. Tinham orgulho de contar suas histórias. Não havia um lugar no planeta que não tivessem visitado.

Os dias que se seguiram até minha viagem para Dublin foram um período de ansiedade, que foi controlada pelas novas amizades que fiz. Na saída da escola, esbarrei em um garoto vestido com roupa de mulher e óculos escuros espelhados. Meus livros caíram no chão. E foi assim que começou uma nova amizade.

— Desculpe, não vi você — disse o rapaz em inglês, juntando os livros do chão.

— Tudo bem, não se preocupe — falei educadamente.

— Conheço esse sotaque. Você é brasileira — disse ele alto em português de Portugal.

— E você é português!

— Sim, eu já tinha visto você antes, mas não sabia sua nacionalidade. Eu me chamo Sérgio.

— Muito prazer, Sérgio. Eu sou Júlia.

— Você sempre está com uma japonesinha.

— É a minha *roommate*, Sakiko.

— O que você vai fazer agora? Estamos indo para um pub. Quer vir conosco?

— Não sei. Teria que ligar para casa porque tenho jantar às 19h com minha *host family*.

— Venha comigo, vou te apresentar para as meninas. Todo mundo é brasileiro. Só eu e a Bárbara somos portugueses.

Sérgio me pegou pelas mãos e me levou até um grupo de meninas que estavam conversando. Eram bonitas e fumavam sem parar. Muita gente fumava na escola. Acho que era uma maneira de sentirem-se maduros e confiantes. E essa minha visão foi confirmada quando conheci os amigos do Sérgio.

— Olá, garotas! Esta é a Júlia, brasileira como vocês. Esta é a Letícia. A loira alta é a Kelly e a ruiva é portuguesa. Seu nome é Bárbara.

Todas disseram olá, mas eu estava confusa. Não sabia se esse contato prejudicaria meus estudos. Tinha medo de perder o controle de falar inglês diariamente.

— De onde vocês são? — perguntei.

— Sou de São Paulo e a Kelly, de Maringá. E você? — perguntou Letícia.

— Sou de Belém do Pará.

— Sempre te vejo com os japoneses — disse Kelly.

— A minha *roommate* é japonesa. Por isso, conheço muitos japoneses.

Sérgio, educadamente, entrou na conversa.

— Eu a convidei para ir ao Bad Bobs conosco — disse Sérgio com muito entusiasmo. — Venha, Júlia, você vai gostar!

— Preciso ligar rapidamente para casa para ver se o jantar já está pronto. Se a resposta for não, vou com vocês.

Liguei para Nathalie. Ela ia começar a preparar o jantar e disse que não tinha nenhum problema se eu decidisse comer fora. Então, optei por conhecer o grupo luso-brasileiro.

Saímos da escola e fomos para o *pub*. No caminho, Sérgio não desgrudava de mim. Queria saber tudo sobre minha vida. Perguntou desde quando eu estava em Londres, em que nível de inglês estava matriculada.

— Você já fez muitas perguntas, mas eu não sei nada de você. Em que nível você está?

— Quero estudar na Central Saint Martin School. Lá estudaram pessoas como John Galiano e Stella McCartney.

Sérgio explicou que já estava há um mês na escola, no nível intermediário. Gostava muito da alegria e simpatia dos brasileiros e seu grande sonho era estudar moda. Percebi imediatamente que a distância entre sonhar e concretizar algo depende do que você faz para transformar o sonho em realidade.

— Interessante, deve ser difícil o exame de admissão — comentei.

— Verdade. Por isso, preciso aprender bem inglês para fazer o *A-Level* e preparar um portfólio. É o que permite fazer a graduação em uma universidade britânica. Mas confesso que não estou estudando. Como você tem feito para melhorar seu inglês?

Expliquei para ele toda a minha rotina. Também comentei como era caro estar em Londres.

— Eu deveria pensar assim, mas tem tanta coisa nesta cidade que acabo me distraindo. Adoro os museus, os teatros, as casas noturnas. E a liberdade de ser quem sou. Eu não sei se você percebeu, mas sou gay.

Sérgio era bastante feminino e usava roupas de mulher, mas eu pensei que se dissesse sim pudesse ofendê-lo. Esses assuntos privados são sempre delicados e complexos.

— Não. Não percebi.

E continuou falando:

— Sempre que não assisto às aulas, penso que estou pesquisando, o que também é uma maneira prática de aprender. Por exemplo: ontem, passei o dia no British Museum. Fiquei horas desenhando.

— *Oiiii*, vocês dois, o que vão beber? — perguntou Letícia.

— Cuidado, Júlia, que ele gruda nas pessoas igual chiclete.

— Quero uma Coca-Cola — falei. — E não se preocupe, Letícia, que estou gostando muito da conversa.

— O que você pretende fazer além de estudar inglês? — perguntou Letícia.

— Quero fazer amigos e conhecer lugares novos. Vou para Dublin nos próximos dias.

— Então, já tem novos amigos. Estava louca para ir nessa viagem, mas a Kelly não quis ir. Eu não iria com estranhos — disse Letícia.

— Então, você já conhecia a Kelly antes do intercâmbio? — perguntei.

— Não. Nos conhecemos no mês passado na escola, mas foi um encontro de almas gêmeas. Agora, fazemos tudo juntas.

— E se eu não vou, ela também não vai — apareceu de repente Kelly, falando bem alto.

Bárbara, a portuguesa, observava tudo, falava pouco e estava sempre sorrindo.

— Vou tomar uma cerveja, crianças — disse Bárbara.

O bar não era muito bonito, mas a música ambiente permitia que todos conversassem. Letícia fazia tudo para agradar as pessoas. Era exótica, tinha os olhos grandes e puxadinhos. Era um rosto diferente. Kelly era a típica gostosona. Vestia uma calça jeans bem apertada que transparecia as curvas de seu corpo. Cabelo tingido de loiro, usava um enorme decote e falava alto.

Todos conversaram muito sobre os fatos da vida. Parecia que eu vivia sempre um *déjà vu*, porque já sabia o que conversar no primeiro encontro com os colegas de escola. As perguntas sempre começavam com: de onde você é? Quanto tempo vai ficar em Londres? Era o momento que defini como a *hora do papagaio*, porque era só repetir as mesmas respostas de sempre e depois, sim, vinha algo novo.

— Júlia, amanhã vamos fazer um passeio na New Bond Street. Vamos fazer compras. Gostaria de vir conosco? — perguntou Sérgio. — É o último dia da Bárbara.

Pensei que era melhor não ir. Meu dinheiro era para comer bem e, quando possível, viajar.

— Amanhã tenho aula. Vocês não têm aula amanhã? — perguntei por curiosidade.

— Bom, na prática, temos, mas você só assiste aula se quiser, aqui quem decide o que fazer é você — disse Sérgio com um ar de diabinho.

— Júlia, cuidado! Eles não estudam nada, nenhum deles sabe falar bem inglês — interveio pela primeira vez Bárbara.

— E você, Bárbara? Aprendeu muito inglês? — perguntei.

— Eu sempre estudei inglês, fiz um intercâmbio aqui aos 18 anos e aprendi muito. Mas nessa viagem vim para atualiza-me e passear. Não tenho nenhum tipo de compromisso. Volto para Lisboa no sábado.

— Quantos anos você tem?

— Tenho 28. Me acham velha.

— Você não é velha. Nós é que somos muito mais jovens que você — falei. Mas no íntimo pensava como eles.

Não sei como ela aguentava conviver com um grupo tão imaturo. Sair do Brasil e passar o dia todo fora da escola olhando as lojas e falando português.

— Bom, queridos, então um brinde à Bárbara e ao nosso passeio de amanhã — disse Kelly.

Todos brindaram, mas de repente perguntei-me se estava obsessiva com os estudos.

— Sérgio, preciso ir. Tenho lição de casa e preciso me organizar para viajar.

— Tudo bem, quer que eu te deixe na estação de metrô?

— Que gentil. Aceito.

Saímos de forma discreta. Eram pessoas da minha idade, mas achei que tínhamos objetivos diferentes. Era melhor terem ficado no Brasil e poupado o dinheiro dos pais. Minha teoria sobre o cigarro parecia estar certa.

No caminho para a estação, fomos conversando.

— Não ligue para as meninas. Estão com ciúmes de você.

— Não achei que estivessem com ciúmes. Foram simpáticas. Vocês homens sempre querendo nos jogar umas contra as outras.

— Quem disse para você que sou homem? Já não falei que sou gay?

— Sim. Você é gay, mas continua sendo homem.

— Eu sou *gótico*.

— Bom, obrigada pela companhia. Anota meu telefone para nos encontrarmos depois da minha viagem.

Ainda deu tempo para comprar um sanduíche bem simples em uma loja de conveniência no caminho de casa. Eu havia perdido o jantar com os Petters e a companhia de Sakiko, mas considerei uma experiência importante. Senti saudade de casa. Estudar no exterior é uma grande oportunidade para crescer. Mas em alguns momentos eu queria que alguém dissesse o que eu deveria fazer, ganhar um abraço e pedir ajuda, mas eu tinha 18 anos. E uma oportunidade única. Senti que estava fazendo as escolhas certas, apesar de estar completamente longe de minha família pela primeira vez.

Liguei para casa.

— Alô, é a Júlia.

— Júlia, é o papai, você está bem?

— Estou com saudades e não consegui esperar até domingo.

— Não se preocupe. Ligue quando quiser.

— Pai, eu usei o dinheiro para viajar para Dublin, não foi caro. Onde está a mamãe?

— Chegaram alguns familiares dela de viagem e saiu para passear com eles. Tenha cuidado para não ficar sem dinheiro. Se souber administrar, aproveitará muito. Você está feliz?

— Estou, mas sinto sua falta.

— Aproveite essa oportunidade. Em breve você estará aqui e tudo isso será passado. O tempo não volta, minha filha.

***

O tempo pode não voltar fisicamente, mas na memória poderia ir para frente e para trás. É muito importante criar um acervo de memórias. Pensando assim, entendi que na verdade eu deveria viajar mais durante o intercâmbio. Cada dia acontecia algo novo. Assim, a rotina de estudos não ficava pesada e monótona.

No dia 29 de março, quando chegou a hora de ir para a Irlanda, fui normalmente à escola. Tive tempo de retornar para casa e buscar a mala e, principalmente, despedir-me de Sakiko, que já não estava mais assistindo às aulas. Seu intercâmbio tinha terminado, estava apenas aproveitando um pouco mais de Londres. Porém, infelizmente, Sakiko não estava em casa. Fiquei arrasada.

— Nathalie, entregue, por favor, este bilhete. Não quero que Sakiko pense que não me preocupo com ela.

— Ela nunca vai pensar isso de você. Acho que foi comprar algum remédio. Não estava se sentindo bem.

— Muito bem, Júlia, tudo pronto para Dublin? — apareceu Richard na porta da sala de jantar, sorridente. Estava com o andador, parecia um gigante.

— Tudo. Só falta me despedir de Sakiko, mas ela não está em casa.

— Traga uma Guinness para mim e, se estiver muito frio, tome um pouquinho de *whiskey*.

— Trago, sim, Richard. Gente, tenho que ir. Não posso me atrasar.

— Vá, nós falamos com Sakiko. Ela entenderá.

***

Saí de casa em alta velocidade, puxando minha mala de rodinhas e, nas costas, a mochila. Estava ansiosa para viajar. Quando cheguei à porta da escola, todos os viajantes já estavam lá. Eu estava atrasada. Cheguei na hora em que Dominic fazia a contagem dos jovens. Fui apresentada para minhas companheiras de quarto: eram quatro mexicanas com excesso de maquiagem e gel de cabelo. Achei-as um pouco presunçosas e não dei muita atenção a elas. Quando todos já estavam prontos para caminhar em direção ao ônibus, alguém chegou correndo procurando por mim. Era Sakiko.

— Sakiko, o que aconteceu? — perguntei, assustada ao vê-la suando e cansada.

— Vim me despedir de você. Quase consegui te alcançar na estação. Vi você entrando no vagão do metrô. Não podia ficar sem me despedir. Aprendi tantas coisas. Você foi minha amiga, minha irmã.

Abraçamo-nos.

— Sakiko, você foi meu anjo da guarda. Foi graças a você que conheci os Petters e muito da cidade de Londres. É tão bom fazer amizades verdadeiras e desinteressadas.

— Muito obrigada pela sua amizade. Desejo que sua vida seja sempre alegre e feliz. E espero te reencontrar em breve. Se um dia quiser conhecer o Japão, será muito bem-vinda e, se for caro, não se preocupe, porque sou japonesa.

— Muito obrigada. Espero um dia te reencontrar.

Foi um abraço longo e inesquecível. Não queria que aquele momento chegasse.

Dominic interrompeu a despedida. Chamou todos para caminharem em direção ao ônibus. E assim foi nossa despedida. Nathalie já havia avisado que os japoneses eram extremamente gratos e leais. Eu jamais esqueceria aquele rosto com um sorriso genuíno chegando no dia da viagem, na escuridão da noite.

***

— Vamos, Júlia, você precisa ficar esperta, temos hora para chegar ao ferry — disse Dominic, apressado.

— Vamos pegar um ferry? — perguntei, assustada.

— Claro, ou você vai querer ir nadando? — respondeu ironicamente.

Minha cabeça às vezes parecia estar no mundo da lua. Não conseguia me concentrar em certos detalhes: primeiro, não tinha visto que ficaria em um *hostel*. Depois, não tinha lido as regras da viagem, o que incluía saber como seríamos transportados até Dublin. Estava me cuidando pela metade.

O ônibus estava cheio de adolescentes. Algumas caras eu já tinha visto na escola. Outras eram inéditas. Me sentei no corredor. Não consegui ficar na janela. Estava triste e cansada, queria dormir, mas uma garota que estava atrás de mim me chamou.

— Ei, você! Vamos ficar no mesmo quarto!

— Oi, que legal — respondi.

— Eu me chamo Grace. Sou mexicana.

— Prazer, Grace. Sou Júlia, do Brasil. Desculpe, estou com muito sono.

Grace parecia ser extravagante. Tinha uma imensa cabeleira crespa com luzes, e vestia um casaco vermelho. Parecia uma roqueira dos anos 80 e falava inglês americano fluentemente.

— Você tem quantos anos? — perguntou sussurrando, porque o ônibus estava silencioso.

— 18.

— Eu tenho 19. E você, já está na universidade? — perguntou Grace.

De repente, a garota que estava ao meu lado, que parecia estar dormindo, despertou e começou a reclamar em espanhol.

— *Por dios! Yo quiero dormir, chicas!*[31]

---

[31] Pelo amor de Deus, meninas. Quero dormir.

— Júlia, esta é a Maya, também mexicana, e está em nosso quarto.

— Ah, sim. Lembro de quando Dominic nos apresentou. Tem outras duas garotas, não é? Eu as vi rapidamente.

— Na verdade, somos quatro no nosso grupo de amigas. Eu não sei por que uma delas ficou em outro quarto.

Foi então que entendi que Dominic tinha feito uma jogada para eu não desistir da viagem e ficar com as mexicanas de cabelo com gel. Tirou uma mexicana do seu grupo e colocou-me intencionalmente. Uma delas ficou separada. Seriam quatro meninas por quarto.

— *Entonces, chicas, porque no se callan*[32]? — disse Maya com voz sonolenta.

— Ela não sabe falar inglês? — perguntei.

— Sabe, sim, mas é mimada. Não liga. Somos todas amigas e moramos na Cidade do México. Essa aqui do meu lado é Patrícia. Aquela que se sentou lá atrás é a prima dela, Mariana — disse Grace baixinho. O que você estuda?

— Agora estudo inglês e continuarei assim até o início de dezembro. Depois, volto para o Brasil. Não sei o que vou cursar. E você?

— Estou procurando uma escola de design industrial para estudar. Acabo de chegar de Seattle. Fiz um curso de *TOEFL*. Não gostei da cidade, senti um ambiente pesado, neste momento de guerra no Iraque.

— Então, você veio de Seattle para Londres? Que louco! E lá tinha escola de design industrial?

— Não que me interessasse. Antes, estive no Japão. Foi maravilhoso.

— E aprendeu japonês?

— Um pouquinho. Todo mundo falava inglês na escola.

Fiquei surpresa ao conhecer uma menina de 19 anos que viajava pelo mundo procurando uma escola de design industrial. Grace era falante e segura. Parecia ser bastante convencida.

— Bom, vou deixar você dormir. Boa noite, Júlia.

— Boa noite, Grace.

---

[32] Então, meninas, por que não ficam quietas?

Capítulo 1
Não confie em todo mundo

No meio da madrugada, o ônibus fez uma parada para abastecimento. Aproveitei para ir ao banheiro e comprar algo para comer. Foi então que conheci Sergey. Queria comprar um chocolate quente, mas não sabia como a máquina funcionava.

— Licença, posso ajudá-la? — perguntou uma voz atrás de mim.

— Sim, por favor. Não consigo comprar meu chocolate quente — respondi, voltando meu corpo na direção da voz.

Era um rapaz muito atraente: alto, covinhas nas bochechas, imensos olhos azuis. Imediatamente, perdi o sono, fiquei alerta. Meus batimentos cardíacos aceleraram. Era possível que estivesse sonhando acordada, mas dessa vez foi real.

— Você está usando as moedas erradas. Você é do grupo da Blue School?

— Sou.

— Então, use as minhas moedas. Em Dublin, você me paga uma cerveja.

Em minha mente, eu dizia: *Fique calma, é só um menino bonito.*

— Pronto, olha o seu chocolate quente! Eu me chamo Sergey.

— Muito obrigada. Eu me chamo Júlia.

— Estão nos chamando para o ônibus. Vamos?

— Vamos.

Fiquei desperta e louca para chegar a Dublin para tomar uma cerveja, mesmo que fosse somente para ter a companhia dele.

***

A viagem até Dublin era feita em parte de ônibus e outra, de ferry. No total, eram cerca de seis horas de viagem de ônibus até o porto de Liverpool. Depois, seriam mais três horas de barco. Quando chegamos ao porto, foi incrível. Vi o ônibus entrar naquela estrutura gigante. O dia já tinha amanhecido. Aquilo parecia ser bem maior que a própria *Arca de Noé*.

O mar estava agitado, o imenso ferry parecia uma folha de papel naquele mar bravio. Foi uma viagem aterrorizante. Chovia muito. Não demorou para me sentir mareada. Passei a viagem inteira equilibrando-me no banheiro. Fiquei abalada. Sempre achei que enjoos em viagens marítimas fossem capricho dos não aventureiros. Estava errada.

Quando o barco chegou a Dublin, todos voltaram para o ônibus. Era um dia cinza. Não via a hora de chegar ao *hostel* e tomar banho. Minha roupa cheirava mal e me sentia constrangida por isso. No primeiro andar do albergue, havia uma imensa sala de jogos e uma cozinha. Tudo conjugado com a recepção. Foram entregues cartões magnéticos a todos. Subi para o quarto com as mexicanas. O prédio não tinha elevador.

O quarto era pequeno. Tinha dois beliches, espaço para quatro pessoas. Comigo ficaram Grace, Maya e Mariana. O carpete do *hostel* era imundo — da recepção aos quartos. Parecia que estava dentro de um saco de aspirador de pó.

— Desculpem, meninas, me sinto muito mal. Preciso tomar banho e trocar de roupa — disse para as garotas.

— Júlia, se você quiser, pode trocar de quarto com a Patrícia — disse Grace delicadamente.

— Estou muito mal agora. Posso responder depois?

— Claro, gente. Ela está enjoada. Quer algum remédio? Tenho para enjoo e gastrite — disse Mariana.

— Aceita. Ela é estudante de Medicina — disse Maya.

— Aceito. Obrigada, meninas.

Fui tomar banho. Mas, para minha infelicidade, o banheiro era horrível. Eram quatro cabines de fibra de vidro com chuveiros. O banheiro era unissex. Havia duas pias entupidas e um secador de mão. Os aparelhos sanitários estavam sujos. Estava muito frio, mas precisava tomar banho.

No box de banho, entrei com a pontinha dos pés, mas logo a água das outras cabines se mesclou e meus pés ficaram cobertos por um aguaceiro com cheiro de urina. Senti aflição. Tive ânsia. Voltei para o quarto pior do que quando havia chegado. A limpeza do banheiro revela muito sobre o lugar onde você está.

— Júlia, está se sentindo melhor? — perguntou Mariana delicadamente.

— Estou melhor. Preciso comer.

— Então venha conosco. Vamos jantar em um restaurante japonês com os outros jovens.

**

Dublin parecia ser uma cidade pequena, quando comparada a Londres, mas era charmosa. No restaurante, pela primeira vez me reuni com o grupo da excursão. Sentei-me na mesa com as mexicanas. Eram simpáticas e divertidas. A primeira impressão que tive era errada. Enganei-me com as aparências. Grace era a líder. Viajada e muito comunicativa, sabia um pouco de tudo. Mariana era doce, falava com delicadeza, parecia um anjo de tão educada e prestativa. Patrícia era prima de Mariana. Demonstrava superficialidade e insegurança. Maya era engraçada e estava sempre brincando e fazendo piadas. Foi um jantar agradável, que curaria qualquer mal que estivesse sofrendo.

O lugar era descontraído, semelhante aos restaurantes que Sakiko havia me mostrado em Londres.

— Júlia, recomendo que você tome uma sopinha e coma algo grelhado. Desculpe por me meter, mas espero que esteja bem amanhã — disse Mariana.

— Muito obrigada, Mariana. Quando você se forma em Medicina? — perguntei.

— Falta muito tempo. Ainda estou no início do curso. Ainda estou em dúvida se é isso mesmo que eu quero.

— Meninas, o que acham de irmos para Temple Bar? Quero apresentar minha companheira de quarto, Flávia — disse Patrícia.

— É um lugar cultural de Dublin, cheio de bares para dançar e se divertir — disse Flávia com um forte sotaque italiano.

Todas concordaram que sim, inclusive eu, que, em romaria, segui para Temple Bar com os outros jovens. Eu me perguntava como não conhecia aqueles estudantes. Dei-me conta de que a escola não era tão pequena.

— Oi, Júlia! É hoje que você paga minha cerveja?

Era Sergey, que chegou de surpresa e agora caminhava ao meu lado.

— Oi, Sergey, sim, claro — respondi emocionada, com o coração quase saindo pela boca.

***

Entramos em três bares até escolher um que tinha pista de dança. A noite estava linda e alegre. A chuva tinha deixado um ar úmido como nos finais de tempestade da Amazônia. Adorei não ter que pagar para entrar nos lugares. Sergey não desgrudava de mim.

— Então, onde está minha cerveja? — perguntou Sergey, sorridente.

— De qual cerveja você gosta? — perguntei.

— Quero uma Guinness, é claro!

Pedi duas Guinness. Paguei e brindamos.

— Sergey, esse copo é enorme, acho que não vou dar conta.

— Não se preocupe, eu ajudo. Gosta da Guinness?

— É a primeira vez que tomo. Tem gosto de cola.

— Cola?

— É, cola de colar papel.

— Não sei, nunca comi cola.

De repente, chegou Patrícia.

— Oi, gente, estão gostando daqui? — perguntou Patrícia.

— Acabamos de chegar. Não posso dizer nada. E você, Júlia? — disse Sergey.

— Estou gostando, mas quero dançar.

— Me apresenta para o seu amigo, Júlia — disse Patrícia, interrompendo nossa conversa.

— Sergey, essa é Patrícia, do México. Também a conheci no grupo da viagem.

— De onde você é, Sergey? E o que faz em Londres? — disse Patrícia, toda melosa.

— Sou da Hungria, estou cursando o ano acadêmico na Blue School. Quero estudar na London School of Economics[33].

— Nossa, que incrível! Acho uma área de estudos *muito* importante — disse Patrícia.

Patrícia não era nada discreta. Fazia *caras e bocas* e tocava nele enquanto falava.

— Vamos nos divertir. Não é hora para falar de estudos. Júlia, você disse que queria dançar. Vamos?

Sergey tomou o restante da cerveja e fomos os dois para o centro do bar, que era um espaço de dança.

Pensei: *game over* para você, Patrícia!

— Júlia, você tem ritmo — gritou Sergey no meu ouvido.

— Eu sou brasileira!

— Então, samba para mim!

— Eu não sei sambar, Sergey!

— Então, olha para mim!

Sergey começou a movimentar-se fora do compasso, mas era divertido. E o acompanhei meio desajeitada. Quem pode parecer idiota quando a felicidade é o ritmo do seu corpo? Era a mesma sensação de liberdade do dia em que dancei com Paolo. Dançar é uma espécie de fonte energizante que libera o corpo da censura que diz: *isso é feio, isso é coisa de gente doida, isso é coisa de gente vulgar*. A maldita bolha da autocensura. Comecei a pular e gritei bem alto em português: *dane-se*.

Foi uma noite incrível para mim. Estava confiante e tinha me divertido muito. Quando voltamos para o *hostel*, era quase de manhã. Sergey tinha sido muito educado e eu não via a hora de estarmos juntos novamente.

No *hostel*, Patrícia estava visivelmente mal-humorada.

---

[33] Universidade pública britânica, fundada em 1895 por membros da Fabian Society — Sidney Webb, Beatrice Webb, Graham Wallas e George Bernard Shaw.

— Nossa, Júlia, como vocês brasileiras são rápidas — foi o comentário de Patrícia ao se despedir de mim e das outras meninas.

Não disse nada. Pensei: *vai catar coquinho*. Era tarde, mas ainda tivemos tempo para brincar nas camas. Maya era a líder da sacanagem. Dizia palavras em espanhol e queria que eu repetisse.

— Júlia, diga: ¡*Yo quiero correr!* — comandava Maya.

— ¡*Yo quiero correr!* — repetia.

— Mais alto! — ordenava Maya.

— ¡*Yo quiero correr!* — gritei

Todas riram, elas estavam morrendo de rir.

— Meninas, o que eu falei?

— *I wanna fuck*[34]! — respondeu Maya.

A risada foi ainda maior. Eu estava amando a companhia das mexicanas. Com exceção de Patrícia que, por sorte, estava em outro quarto.

O dia seguinte começou com muita chuva. Eu não tinha guarda-chuva e fiquei molhada durante todo o passeio da manhã. O turismo começou em um gigantesco clube de golfe nos arredores de Dublin. Tratava-se de uma reserva florestal com grande mata nativa preservada e muitos jardins projetados com diferentes temas. O momento mais marcante foi a visita a uma linda cachoeira.

***

Muitos jovens não participaram do passeio. Preferiram ficar dormindo, inclusive Sergey.

— Júlia, você precisa trocar de roupa, ou vai ficar gripada — comentou Mariana, que estava dividindo o guarda-chuva comigo.

— Muito obrigada, Mariana. Você é sempre gentil.

— Por nada, Júlia.

No *hostel*, fui trocar de roupa. No quarto, estava toda a colônia mexicana. Enquanto me vestia, Patrícia começou a bisbilhotar minha mala, verificou cada etiqueta e demonstrou respeito por eu ter algumas peças de uma marca francesa. Foi o suficiente para ganhar sua atenção no *quesito moda*.

Muitas pessoas neste planeta se importam com grifes, não pela qualidade do produto ou pelo design, mas pela reputação que isso pode trazer.

---

[34] Quero foder.

Parece uma forma de escolher se alguém pertence a um grupo ou não. Deve ser por isso que os chineses estão bilionários vendendo coisas falsificadas para pessoas cuja autoestima é bem menor que sua ignorância, pois nosso mundo é feito de aparências.

— Comprei em uma promoção, em uma viagem com meus pais — falei, constrangida. Agora sabia como Sakiko se sentia.

***

À noite, seguimos para Temple Bar, mas Sergey não estava. Voltei cedo para o *hostel*, dormi muito. Estava cansada e nem percebi a entrada e saída de pessoas no quarto. Quando acordei, já era outro dia. Estava sozinha.

Desci para a recepção do *hostel*, não encontrei ninguém e decidi tomar um ônibus *double decker* turístico e conhecer a cidade. Pela tarde, visitei o museu da cerveja Guinness. Era bem arrojado. No último andar, havia um bar com vista de 360 graus, onde cada turista tinha direito a uma cerveja.

A paisagem era bela. O bar estava repleto de jovens e, coincidentemente, estavam as mexicanas.

— Júlia, *chica linda*! Venha celebrar conosco — gritou Grace.

Todas estavam com seu copo de cerveja. Me abraçaram, brindamos e tiramos muitas fotos.

— Você dormiu como uma pedra. Fizemos muito barulho. E você, nada de acordar — contou Mariana.

— Estava cansada. O que vocês vão fazer hoje à noite? — perguntei.

— Vamos a um restaurante que saiu no guia Michelin. Que tal? — disse Mariana.

— Não posso, deve ser muito caro — falei, constrangida.

— Mas amanhã podemos sair para dançar. Não queria ir ao restaurante, mas a Maya está insistindo nisso desde Londres — disse Mariana educadamente.

Pedi a cerveja que tinha ganhado com o ingresso e depois saí do museu da Guinness e fui direto para o *hostel*. Sergey estava jogando bilhar com outras pessoas. Fingi não o ver e subi para o quarto. Já era meu terceiro dia em Dublin e não conseguia tomar banho. Estava muito incomodada com a situação. Meu cabelo estava bastante oleoso e já estavam aparecendo espinhas em meu rosto. Estava criando um plano para resolver o problema quando ouvi alguém batendo à minha porta.

— Olá, Júlia! — era Sergey.

— Olá, Sergey.

— Vi quando você chegou.

Sergey estava bonito, perfumado e vestia uma blusa listrada. Tinha passado alguma coisa no cabelo.

— Como descobriu meu quarto? — perguntei.

— Dominic é meu companheiro de quarto. Onde estão suas amigas?

— Saíram para jantar em um restaurante famoso.

— Que chato. Posso entrar?

— Claro, sente aí.

— A Maya está no seu quarto?

— Sim. Ela é engraçada.

— Engraçada? Ela é maluca. Ontem, pela manhã, visitamos o *Trinity College*. Você não estava. Fez um escândalo porque apareceu um ator mexicano. Bem, na verdade, não era ele. Era um cara parecido. Até a polícia veio ver o que tinha acontecido.

— Sério?

— Foi muito inconveniente. Atrasou nosso passeio. Sabe que aqui teve um período terrível de atentados? — perguntou Sergey.

— Sim, do IRA.

— Isso. E essa louca fazendo palhaçada. Será que ela tem algum problema na cabeça?

— Não sei. Talvez tenha se excedido — respondi.

— Quer sair comigo para beber algo? Na verdade, queria conhecer mais os irlandeses — disse Sergey.

— Acho boa ideia. Vamos.

***

A noite estava perfeita. A chuva tinha parado, mas o ar era sempre pesado por causa da umidade. Entramos em um simpático bar, repleto de pessoas mais maduras.

— Então, qual é seu plano para falar com os irlandeses? — perguntei.

— Primeiro, tenho um plano para falar com uma brasileira — disse Sergey, falando ao meu ouvido.

— Verdade? Você é um rapaz muito bonito — respondi.

— Não precisa me elogiar, estamos falando de você.

Ele me beijou, e senti meu coração bater rápido novamente. Quando abri os olhos, estava feliz e queria saber mais sobre ele.

— Quero aprender português.

— Eu te ensino. Você fica na escola até quando?

— Já estou terminando meu ano acadêmico. Depois desta viagem, volto para a Hungria. Retorno para Londres em agosto, se for aceito na universidade.

Fiquei arrasada. Ele deveria ficar para sempre. Tinha sido bom sentir o coração acelerado. Ir até a lua e voltar em um segundo.

— E você, o que está fazendo?

— Estou no Avançado 1. O professor disse que posso passar para o Avançado 2 quando voltar para Londres — quis impressioná-lo.

— Você fica até quando?

— Até dezembro, antes do Natal.

— Tenho que contar algo: gostei de você desde o primeiro momento.

Ele dizia tudo o que eu sonhava escutar de um garoto. Será que lia meus pensamentos? Não senti o tempo passar. Eu o beijava com o sentimento de que nunca mais o veria.

— Amanhã é nosso último dia de viagem. Já sabe o que quer fazer?

— Passear durante o dia e depois dançar em Temple Bar! — falei feliz.

— Então, estaremos juntos.

***

Quando cheguei ao *hostel*, as mexicanas estavam dormindo. Entrei sem fazer barulho, troquei de roupa e me deitei na cama. Estava feliz por ter conhecido Sergey. A companhia dele fazia sentir-me adulta. Era uma pena que Sergey fosse embora, quando chegasse a Londres.

No dia seguinte, despertei com a voz de Mariana.

— Bom dia, Júlia, você vem conosco? — perguntou Mariana.

Era muito cedo. Eu ainda estava sonâmbula, mas era engraçado ver as mexicanas madrugarem para passar maquiagem e pentear o cabelo. Estavam sempre maquiadas, mas naquele dia consegui vê-las ainda sem maquiagem. Tomei um susto. Eram muito mais jovens do que eu imaginava.

— Bom dia, Mariana. Que horas são? — falei como um zumbi.

— São 7h30 da manhã — respondeu Grace.

— Meu Deus, o sol ainda não nasceu! Vou voltar a dormir — falei, recolhendo-me novamente.

— Vai dormir! *Ella está correndo* com Sergey! *Está muy cansada!* — disse, debochando, Maya.

— Eu entendi tudo, Maya. Isso é grosseiro.

— Dorme, Júlia, não liga para ela — disse Mariana, apaziguando.

Voltei a dormir. Quando acordei, Sergey estava batendo à minha porta.

— Oi, Sergey, tudo bem?

— Júlia, vamos passear? O dia está lindo.

— Me dá 10 minutinhos. Vejo você lá na recepção. Você não deveria me ver assim.

— Eu não me importo. Está bonitinha.

— Muito obrigada.

***

Nos meus planos, um rapaz jamais poderia me ver naquele estado. Mas, na vida real, era diferente: as pessoas acordavam amassadas e, o pior, com mau hálito. Escolhi uma calça jeans com camiseta de algodão e por cima coloquei meu casaco predileto. Era de lã vermelho e bege. Como estava tarde, tomamos um *brunch*[35]. Andamos pela cidade de mãos dadas, era um lindo dia de sol. Visitamos algumas galerias locais.

— Não é incrível esse sol no nosso último dia aqui? — perguntei, encantada com a cidade.

— Tivemos muita sorte. Poderíamos nunca ter visto este clima. Dizem que aqui chove sempre — comentou Sergey. Tem uma loja que vi no guia e está nesta rua. Quero visitar para comprar um fone de ouvido.

A loja ficava perto do canal. Entramos. A decoração era bem minimalista. Parecia mais uma galeria, e os objetos estavam expostos como nos museus. Sergey comprou o que queria e seguiu o passeio comigo.

— Eu não ia ter tempo de comprar em Londres. Assim que chegarmos, vou direto para o aeroporto. O que acha de agora visitarmos o Oscar Wilde Memorial?

---

[35] Café da manhã e almoço ao mesmo tempo.

— Não tenho nada planejado, quero somente dançar em Temple Bar à noite. Os húngaros dançam muito?

— Somente depois de beber muito. Os húngaros bebem muito.

— E você? Bebe muito?

— Às vezes, sim.

Com o mapa na mão, Sergey me guiou até chegar a um parque. Sempre andávamos de mãos dadas. No parque, havia uma estátua de Oscar Wilde sobre uma pedra.

— Que estátua interessante — falei.

— Vamos tirar umas fotos.

Sergey me entregou uma máquina digital. Eu não sabia como usar.

— Nossa, Júlia, você ainda tem uma máquina analógica! Precisa comprar uma digital.

— Não entendo muito dessas coisas — senti-me pré-histórica.

— Compra uma Nikon ou Cannon. Lá em Londres está cheio de lugares para você comprar.

No parque, observamos os turistas tirando fotos e apreciamos a beleza do lugar, além de conversarmos sobre nossos países e diferenças culturais.

— Júlia, como é a vida no Brasil? É comum algum brasileiro da nossa idade viver em Londres?

— Bom, o Brasil tem várias realidades. Mas as viagens de intercâmbio são muito comuns entre os meus amigos. A maioria vai para os Estados Unidos, e começa muito cedo: entre 12 e 15 anos.

Ele explicou que o pai era um empresário de sucesso e que estava investindo em sua educação para prepará-lo para assumir os negócios da família.

— Você tem namorado no Brasil?

— Vamos mudar de assunto? — eu não queria falar a verdade e dizer que não tinha ninguém.

***

De repente, escutei alguém gritar meu nome. Era Maya junto com as outras mexicanas.

— Júlia está com seu *marido húngaro e faminto?* — gritou Maya, fazendo trocadilho em inglês entre as palavras *husband*, *Hungary* e *hungry*.

— Essa piada é velha. Mas já vi que você não é criativa — disse Sergey com ar de ironia.

— Não acho você confiável, *hungry* — disse Maya.

— Júlia, não se aborreça com Maya. O pai dela é dono de uma fábrica de tequila. Por isso é assim. Está mal-acostumada — disse Mariana baixinho no meu ouvido.

Maya era divertida, mas às vezes se comportava de maneira inadequada: falava alto e dizia o que ninguém perguntava. Pensei que o dinheiro pudesse ser bem prejudicial para a educação de algumas pessoas. Elas perdem os limites.

Maya continuou com brincadeiras inconvenientes.

***

O encontro foi rápido, mas desagradável. As mexicanas logo desapareceram. Dublin era uma cidade pequena. Por isso, era grande a probabilidade de encontrar alguém de nossa excursão em um ponto turístico.

Depois de passarmos a tarde caminhando, voltamos para o *hostel* para descansarmos um pouco e nos prepararmos para a noite.

Meus pés estavam cansados. Sentia-me incomodada porque estava há dias sem tomar banho. Mas não era para isso que tinham inventado os perfumes? Eu tomei um *banho de perfume*.

Arrumei a mala, já pensando que quando voltasse para o *hostel* estaria na hora de partir para Londres. Escolhi um vestidinho básico preto, um blazer de veludo da mesma cor e uma sapatilha com bastante brilho. Só os usava em ocasiões especiais. Caprichei na maquiagem. Talvez tivesse um pouco de influência de minhas temporárias *roomies*[36], mas com cuidado para não parecer uma velha de 25 anos. Quando desci para a recepção, Sergey já estava me esperando. Quando me viu, senti que estava surpreso.

— Júlia, você está diferente — disse Sergey.

— Não. Sou a mesma, é apenas um pouquinho de maquiagem. Vamos dançar?

— Vamos para Temple Bar escolher um lugar. Adoro seu perfume.

Entramos em vários bares até encontrar um que nos agradasse. Vimos alguns com os companheiros da viagem, menos as mexicanas. Eu não pedi nada para beber. Pensei, *vou deixá-lo pedir o que quiser*.

---

[36] Colegas de quarto.

— Júlia, o que você quer beber?

— O que você vai beber?

— Que tal champagne? — perguntou Sergey.

— Deve ser caro, e não bebo muito — respondi.

— Não se preocupe, eu pago uma garrafa. É suficiente para nós dois.

Apesar de jovem, julguei que ele tivesse uma relação de intimidade com o álcool, o que era muito comum no intercâmbio.

Tinha certeza de que tomaria somente uma taça, pois sempre achei que tinha autocontrole.

A garrafa chegou, e nós dois começamos a beber.

— Júlia, você está dançando melhor depois do champagne — disse Sergey, servindo a segunda taça para mim.

— Mas esta é a última — respondi, dançando.

Perdi a noção do tempo enquanto me divertia. As luzes, as pessoas, a música, todas as informações borbulhavam ao meu redor. Pulei, gritei, beijei. Porém, não estava acostumada com a presença do álcool em minha vida. Os meus amigos da escola no Brasil não bebiam champagne. Era coisa de adulto, eu tomava apenas refrigerante.

— Sergey, estou me sentindo mal — falei, caindo no chão.

De repente caí aos pés de Sergey. Lembro dos seguranças da casa noturna falando comigo e de estar em um táxi. Depois, apaguei. Quando acordei, estava no quarto. Estavam presentes Mariana e Dominic.

— O que aconteceu? Como vim parar aqui?

— Encontramos você na porta do bar com Sergey. Mal conseguia ficar em pé. Vimos que estava vulnerável e tomamos a iniciativa de cuidar de você. Lembra que eu e as meninas a trouxemos para o *hostel*? — disse Mariana.

— Não.

— Júlia, você usou algum tipo de droga ontem à noite? — perguntou Dominic.

— Nunca usei droga. Bebi champagne com o Sergey, onde ele está?

— Provavelmente, está jogando sinuca lá embaixo — disse Dominic.

— Quero saber o que aconteceu. Como cheguei aqui?

— Quer que chame o Sergey? — disse Dominic.

— Quero — respondi, chorando.

Sergey chegou no quarto como se nada tivesse acontecido.

— Você estava bêbada. Confessou que só bebia refrigerante.

— Precisamos ir, arrumem as malas que temos que partir — disse Dominic, controlando a situação.

***

Senti-me envergonhada e perdida. No íntimo, achava que algo muito estranho tinha ocorrido. Champagne era tão perigoso assim?

A viagem de volta foi calma. O mar estava quieto, mas sentia emoções negativas. No ônibus, a caminho do ferry, sentei-me sozinha. A paisagem bucólica e a música que tocava me fizeram chorar. Ninguém jamais saberia daquela história, porque todos os olhares em minha volta seriam dissolvidos pelo tempo e a distância.

Apesar de as mexicanas terem sido generosas e me socorrido, preferi ficar distante. A viagem de volta para a Inglaterra foi horrível. Sentia que todos falavam de mim. Foi a viagem mais longa da minha vida. Estava constrangida. Correram fofocas de que eu tinha tido uma overdose. Foi a Grace quem me contou no banheiro.

No ferry, troquei algumas palavras com Sergey.

— Sergey, preciso saber o que aconteceu. Você me deu alguma droga?

— Me deixe em paz. Não vejo a hora de chegar a Londres e nunca mais ver a cara de todos vocês.

***

Foi na última parada do ônibus para abastecimento que Dominic se aproximou de mim.

— Como está, Júlia?

— Me sinto muito mal — lágrimas corriam pelo meu rosto.

— Não fique assim. Foi só um pileque. Logo, essas pessoas não estarão mais na escola. Sabia que o Sergey já vai embora?

— Sabia. Mas eu ainda não sei o que aconteceu. Não consigo lembrar de quase nada.

— Acho que sei o que ocorreu, mas não tenho como provar. Se a escola souber de tudo isso, perco meu emprego. O Sergey é um garoto esperto e problemático. Todas as viagens com ele acabaram em confusão. Na última viagem a Paris, dois quartos foram roubados, enquanto fazíamos um *city tour*. Ele não estava no passeio, nem a namorada dele.

— Ele tem namorada?

— Uma aluna da escola que já voltou para casa.

— E por que você desconfiou dele em Paris?

— Porque foi o gerente quem disse que duas pessoas solicitaram chave extra, mas ele não lembrava da cara de ninguém. Pediram em um momento de muitos *check-ins*. O sistema estava louco. Como já disse, os dois foram os únicos que não estavam no passeio. Além disso, desconfiei pelo passado de briga que ele teve na escola. Também foi suspeito de furtar a bolsa de uma aluna, mas ninguém jamais conseguiu provar nada.

Fiquei surpresa em saber que deveria ter cuidado para não ser roubada dentro da escola. Concluí que em todo lugar há pessoas mal intencionadas.

Estava sem energia, mas escutei Dominic com atenção. Ele dizia que por segurança dividiu quarto com Sergey em Dublin. Mas teve a infelicidade de contar para ele que estava fazendo tratamento para dormir e o alertou para entrar no quarto depois das festas sem fazer barulho.

— Ontem, senti falta de dois comprimidos.

— E o que isso tem a ver comigo?

— Hoje, pessoas cruéis usam esse medicamento para aplicar golpes, inclusive estupros. Acho que, além da bebida, ele te deu meu medicamento. As garotas contaram que desde o táxi você já estava dormindo pesado.

— Por que você não fez algo na hora?

— Eu vi que você estava bem. Achei melhor deixar tudo tranquilo para conversarmos depois. Ter 30 adolescentes sob minha responsabilidade nesta viagem não é fácil.

***

Depois disso, não sabia mais em quem confiar. Seria Dominic uma pessoa *do bem*? Ou tinha sido negligente com os acontecimentos?

Chegar a Londres foi um alívio. Um novo dia estava despontando. Peguei a mala e me despedi das mexicanas.

— Meninas, muito obrigada pela companhia e pela ajuda de vocês. Nos vemos amanhã na escola — falei, fingindo estar *cool*[37], mas estava arrasada.

— Foi um prazer te conhecer. Já volto para o México amanhã — disse Maya.

---

[37] Tranquila.

— Também volto amanhã, mas a Grace e a Mariana continuam. Cuide-se e, se for beber, esteja sempre entre amigos — surpreendeu-me Patrícia.

Todo mundo tem um lado bom, mesmo nossos desafetos.

— Tchau, Júlia. Nos vemos na escola — disse Grace.

— Se precisar de algo, aqui está meu telefone — disse Mariana.

Quando cheguei em casa, os Petters esperavam por mim.

— Olá, Júlia, parece cansada de tanto se divertir — disse Nathalie.

— Foi muito legal, trouxe cerveja para vocês — e entreguei quatro garrafas nas mãos de Richard.

— Então, hoje vou fazer um jantar especial para você — disse Richard.

Estava cansada. Tudo o que eu queria era tomar um banho e dormir, mas era muito cedo, e não podia ser indelicada.

— Seu pai ligou ontem à noite para saber se já tinha chegado — disse Nathalie.

— Vou tomar banho e já ligo para o Brasil.

— Mais uma coisa. Chegaram duas estudantes. Uma é italiana e a outra é chinesa. Estão no quarto onde estava a Sakiko. A propósito, a Sakiko deixou um presente para você. Está lá na sua cama — disse Nathalie.

— Muito obrigada! Até mais tarde.

***

Subi as escadas carregado a mala e a mochila. Tinha ficado mais leve depois de tirar as cervejas. Estava muito cansada fisicamente e devastada emocionalmente. Quando abri a porta do quarto, havia um envelope e, embaixo, uma grande sacola verde com emblema familiar.

Dentro do envelope havia um cartão, que na capa dizia *goodbye*, e dois parágrafos escritos. O primeiro me agradecia pela amizade verdadeira. O segundo me chamava de *irmã* e que em breve esperaria me reencontrar no Japão ou no Brasil.

Comecei a soluçar. Agarrei o travesseiro para abafar o som. Quando estava recomposta, retirei o plástico da loja e encontrei uma caixa. Abri, e dentro havia um casaco de chuva parecido com o da Sakiko, mas era azul marinho.

Não conseguia conter as lágrimas. Sakiko tinha partido, isso era terrível. Queria contar a ela tudo o que tinha acontecido em Dublin. Meus pensamentos se alternavam com os acontecimentos recentes da viagem. Sofrer sozinha estava provocando uma inquietação quase incontrolável. Precisava encontrar uma maneira de conversar com alguém sem ser repreendida.

Com o rosto inchado de tanto chorar, fui para o banheiro tomar um longo banho. No chuveiro, me senti desnorteada. A pele estava oleosa e cheia de acne. As mexicanas não tinham dado banho em mim. Apenas jogaram água para me despertar e trocaram minhas roupas no *hostel*.

Mais controlada, liguei do celular para minha casa no Brasil. Quem atendeu foi minha mãe.

— Alô, é a Júlia.

— Alô, filha, é a mamãe. Estávamos preocupados todos esses dias sem notícias suas.

— Tive dificuldade em telefonar. Fiquei em um albergue.

— Em um albergue? E foi boa a viagem?

— Bem, o albergue era uma droga, mas a cidade é linda. Me diverti muito. Mãe, estou muito cansada, liguei para dar só um alô. Posso falar no domingo?

Dormi a tarde inteira. Foi um sono profundo que não me poupou da realidade a ser aceita: tinha me afeiçoado a um jovem garoto que quase abusou de mim. Já eram quase 19h. Vesti-me e desci as escadas. Vozes alegres conversavam na sala de jantar. Quando abri a porta, todos já estavam sentados: em uma cabeceira estava Richard e na outra, Nathalie (como de costume), acompanhados das novas hóspedes. A comida estava servida.

— Boa noite — falei ao entrar.

— Estávamos te esperando. Queremos saber de sua viagem e apresentar as garotas. Essa é Monia, da Itália, e a outra é Tracy, da China — disse a alegre Nathalie.

— Muito prazer, garotas. Sou Júlia, do Brasil.

— Fiz um jantar especial com a cerveja que você nos presenteou — contou Richard.

***

Foi um jantar agradável. Consegui esconder minha inquietação emocional. Minha ausência durante as conversas na mesa era justificada pelo cansaço da viagem.

— Júlia, gostou de Dublin? — perguntou a chinesa.

— Gostei. É um lugar muito bonito. Pena que chove muito, mas é legal. Richard, o jantar está delicioso. Não tem gosto de cerveja — comentei.

Richard contava que tinha preparado um prato francês. Era sua versão de um tal de *boeuf bourguignon*[38]. Estava orgulhoso de seu próprio esforço. As limitações físicas eram um grande desafio em sua rotina.

— Muito obrigada pelo jantar. Meninas, vocês têm muita sorte de estar nesta casa — falei.

— E todos nós temos muita sorte de ter você aqui — disse Richard.

Estava muito sensível e comecei a chorar. Isso os deixou preocupados, pois os ingleses não choram publicamente.

— Você é muito sensível — levantou-se Nathalie, dando-me um lenço.

— Acho que não vou para a escola amanhã. Prefiro descansar. Também preciso ir ao médico.

***

Dormi mal. Acordei cedo para saber como chegar ao hospital. Desci as escadas, queria encontrar Nathalie para pedir orientação. As outras meninas tinham saído, mas a mesa do café ainda estava posta.

— Bom dia, Júlia — disse Nathalie da porta da cozinha.

— Bom dia, Nathalie. Preciso de sua ajuda.

— Em que posso ajudá-la?

— Preciso ir ao médico. Sinto dores em todo o meu corpo.

— Você precisa ligar para o hospital que atende a nossa região e marcar uma consulta. Posso te ajudar?

— Sim, por favor. Preciso de uma consulta para hoje.

— Não é assim que funciona. Você precisa marcar hora. Mudando de assunto, você gostou do presente da Sakiko?

— Gostei, mas não precisava. Deve ter sido caro.

— É um presente caro. Ela me mostrou. Mas ela deu com muito carinho.

— Também pensei o mesmo, mas não sei como é a vida no Japão e acho que foi um exagero. Mas, sinceramente, adorei.

— Escreva uma carta para ela.

— Vou escrever.

---

[38] Receita clássica francesa, de preparo demorado.

— Bom, sobre o hospital, vamos ligar e pedir uma consulta. Depois eles ligam de volta para informar o dia e horário.

— Toda essa formalidade? Estou péssima, não posso ir para a escola assim.

— Vamos ver o que posso fazer.

***

Nathalie ligou para o hospital e explicou a urgência do meu caso. Uma hora depois, o telefone tocou. Eu teria a consulta às 15h.

— Você teve sorte. Chegue antes das 15h. Se chegar um minuto atrasada, não será atendida — recomendou Nathalie.

O hospital era público e bem estruturado. Cheguei sozinha. Dentro de mim, sentia medo e culpa. Pensei em tantas coisas negativas. Nem mesmo reconhecia meus pensamentos. Apresentei-me na recepção e poucos minutos depois chamaram meu nome.

— Júlia Ribeiro — chamou a enfermeira.

— Sou eu.

— Acompanhe-me, por favor, um clínico geral vai atendê-la.

Era uma médica, pensei que era bom o fato de ser mulher. Seria mais fácil contar a verdade.

Mas assim que me viu, disse:

— Meu plantão acaba agora, vou chamar outro colega para atendê-la.

— Por favor, fique. Quase sofri um abuso — falei rápido, ao imaginar que pudesse chamar um homem.

A médica ficou assustada e, com olhar de preocupação, pediu-me para contar a história.

Desabafei e tive uma sensação de alívio. Há momentos em que precisamos somente de alguém que nos escute sem julgamento.

— Você teve muita sorte. Eu sou mulher e sei que isso, infelizmente, é mais comum do que imaginamos. Temos conhecimento de histórias muito tristes aqui no hospital. Precisa vigiar seu copo e jamais aceitar bebida de estranhos. Posso encaminhá-la para um psicólogo.

— Não precisa. Já estou melhor. E por que tenho essas dores no corpo?

— *Stress*. Precisa descansar — respondeu ela.

— Dormi bastante, mas continuo me sentindo mal, não paro de pensar nisso.

— Você precisa perdoar-se e isso não significa esquecer. O mundo é um lugar inseguro.

Saí do hospital leve e fui caminhando para casa.

***

Quando cheguei em casa, já era quase hora do jantar, e a tempo de ajudar Nathalie.

Contei que tinha gostado do atendimento no hospital, e da recomendação para descansar.

— Fiz espaguete com almôndegas para o jantar — falou Nathalie.

— Muito obrigada — eu adorava espaguete com almôndegas.

Naquele momento, entraram Monia e Tracy na sala. Logo em seguida, Richard.

— Seu nome é bem ocidental — falei olhando para a chinesa.

— Esse não é meu nome. Como é muito difícil para vocês pronunciarem os nomes chineses, escolhemos um nome ocidental para nos chamarem — explicou Tracy.

— E como você se chama? — perguntou Monia.

— Meu nome verdadeiro é Zou Li — respondeu.

— E como você prefere ser chamada? — perguntei.

— Prefiro Zou Li. Mas será que vocês se acostumam?

— Claro! Zou Li é bonito, e tem muita personalidade — disse Nathalie.

Contei como era Dublin e recomendei a viagem às duas. Também falamos de nossos países e atividades. Zou Li queria ser modelo. Tinha todo o biotipo das passarelas. Monia tinha um sotaque forte Italiano e fisionomia indiana.

Monia era muito interessante. Contou ter estagiado em um grupo italiano de moda, o que deixou Zou Li muito curiosa.

— Então, você trabalha com moda, Monia? — perguntou Zou Li.

— Agora estou exclusivamente estudando. Preciso terminar a faculdade de Administração. Estou aqui para relaxar por três semanas e depois retomarei os estudos. A universidade na Itália é muito exigente. Ainda não terminei meus estudos. Estou com problemas em uma matéria de cálculo — disse Monia.

— Vocês falam bem inglês. Eu sempre recomendo que a escola envie alunos com nível mais avançado — comentou Nathalie.

— Não tenho paciência com os iniciantes — disse Richard.

— Fui convidada para ir a uma festa. Querem vir comigo? Será no sábado — disse Monia.

— É aniversário de um colega de classe. Já tenho compromisso — disse Zou Li.

— Estou pensando em descansar. A que horas é a festa? — perguntei.

— Por volta das 19h30 saio de casa — respondeu Monia.

— Se eu for com você, ficarei pronta nesse horário — falei.

***

Foi um jantar muito agradável. Fiz amizades com meninas muito simpáticas. Pensei: *vida nova*. Passei por um susto enorme. Quando me deitei na cama, lembrei das palavras da médica, ela tinha razão em tudo que disse.

No dia seguinte, fui para a escola. Estava muito cansada, mas precisava continuar a vida normalmente. Havia novos alunos e eu não conhecia ninguém. Paolo já não estava mais na escola. Eu estava de ressaca e me sentia entediada nas aulas de Mike.

Às vezes, nos intervalos das aulas, passeava por Covent Garden e foi assim que me deparei com Mariana. Estava a caminho do Royal Opera House para encontrar-se com Grace e assistir uma apresentação de balé. Achei-a muito elegante. Vestia um terno preto feminino com camisa branca, penteado de trança. Falamos rapidamente. Disse-me que em alguns dias partiria. Iria trancar a faculdade de Medicina na Cidade do México e mudar para os Estados Unidos, onde concorreria a uma vaga para um curso de psicologia em Cambridge, no estado de Massachusetts.

— Preciso estudar para o TOEFL e GRE[39]. São os exames que a faculdade exige. A nota do GRE tem que ser muito alta — explicou Mariana.

— Mas aqui há boas universidades. Por que não fica? — falei.

— Achei as pessoas muito frias. Além disso, a família de minha mãe mora em Boston.

— Desejo boa sorte para você. Não se atrase para o teatro.

---

[39] Graduation Record Examination (Exame de Registro para Graduação).

Abraçamo-nos e ela partiu.

Foi um dia exaustivo. Voltei cedo para casa. O intercâmbio é como um jogo: em certos momentos você avança, em outros, começa tudo de novo. Se a sorte estiver a seu lado, ganha uma partida. No jantar, ocorreu uma conversa em que pensei que teria um infarto. Zou Li e Monia perguntaram se eu tinha conhecimento de que uma garota havia sofrido uma overdose na viagem de Dublin. Respirei fundo e respondi.

— Quem disse isso para vocês? — perguntei, fingindo tranquilidade.

— Foi a Flávia. É italiana. Você a conhece? Hoje foi o último dia de aula dela — disse Monia.

— Não me lembro. Havia muita gente na excursão. Que coisa feia ela dizer isso para vocês. Não é verdade. O que aconteceu foi o seguinte: uma menina do México, chamada Maya, teve um ataque de epilepsia. Nós dividimos o quarto. Eu vi tudo. Foi horrível.

— Isso é típico da idade de vocês. Pobre garota que sofreu esse incidente — disse Nathalie, revoltada.

— E o que aconteceu com a garota? — perguntou Zou Li.

Fiquei nervosa, mordi minha língua, e fui salva pela intervenção de Richard.

— Geralmente, isso acontece quando os epiléticos param de tomar os remédios — falou Richard.

— Ela já voltou para o México — acrescentei para encerrar o assunto.

***

Quando acordei, abri a janela e vi que era um sábado ensolarado. Seria um desperdício passar o dia todo trancada. A casa dos Petters ficava em uma zona habitacional muito bem estruturada. Havia supermercados, restaurantes e academias de yoga e o famoso parque Hampstead Heath.

Decidi que iria aproveitar o dia em um lugar bonito. Por isso, tomei um ônibus em direção ao Hampstead Heath. Antes de entrar no parque, comprei umas comidinhas em uma loja de conveniência. O parque era uma imensa área verde, muito bela. Caminhei por espaços que continham túneis formados por árvores. Quando cheguei a um lago, encontrei pessoas fazendo piquenique. Sentei-me na grama para comer o que tinha comprado.

Foi um momento de paz. Refleti sobre minha vida. Pensei sobre o que fazer com o tempo. Como aproveitá-lo da melhor maneira. Todas as pessoas com quem conversava no intercâmbio estavam na faculdade ou tentando ingressar. Sabiam o que queriam profissionalmente. No meu caso, sabia o que não queria para mim. Já era um grande avanço.

Caminhando pelo Hampstead Heath, encontrei um mapa que levava a uma casa. Cheguei a um belíssimo lugar chamado Kenwood House. Imediatamente, reconheci a paisagem, que já tinha visto em alguns filmes.

Era uma grande casa em estilo neoclássico que, agora, abrigava um museu. Havia uma placa na entrada de que foi construído pela família Guinness. Ao lado do museu, havia um café, com deliciosos bolos à venda.

Voltei para casa antes de escurecer e decidi que sairia com Monia. Era sábado e eu era jovem demais para dormir. Foi a primeira vez que usei o presente de Sakiko, assim como os sapatos de salto alto que escolhi para sair. Às 19h20, bati na porta do quarto das garotas.

— Olá, Monia, posso ir com você?

— Claro, Júlia, já estou pronta.

Monia usava umas sapatilhas lindas, calça jeans *skinny*[40], camisa branca e um casaco bege. Elogiou minha roupa, mas perguntou se eu suportaria andar de salto. E recomendou dividirmos um táxi.

— Monia, os táxis são caros, vamos de metrô. Onde será a festa?

— Perto da Liverpool Station. É na casa de um americano que estagiou com meu pai.

— É bem longe, mas usando metrô é rápido. Temos que ver o endereço completo no guia *London from A to Z*. Assim, não erraremos o caminho.

***

Depois de alguns meses, já estava bem familiarizada com o sistema de transporte de Londres, inclusive com os mapas, que eram instrumentos obrigatórios em meu dia a dia. Foi Nathalie que me ensinou a usar o *London from A to Z*.

Saímos felizes de casa. O caminho até Liverpool Station foi uma maneira maravilhosa de nos conhecermos melhor. Monia era inteligente, porém, tinha alguma coisa que lembrava ligeiramente pessoas mandonas. Talvez fosse o sotaque italiano que deixava o inglês agressivo. Raramente usava os verbos no condicional, como fazem a maioria das pessoas na Inglaterra. Falava sempre no imperativo.

---

[40] Justas.

Depois de fazermos algumas baldeações no metrô, conseguimos chegar à linha vermelha que nos levaria ao nosso destino. Havia revelado ser filha adotiva de um casal italiano. Contou ter sido adotada na Índia. Foi levada ainda bebê para Milão. O pai era cineasta, e a mãe, escritora. Adorava moda, mas tinha dificuldades para terminar a faculdade. Disse sofrer de um tipo de bloqueio em algumas matérias da área de matemática.

Da Liverpool Station para a casa da festa, foram menos de 10 minutos caminhando. O bairro era estranho. As ruas eram escuras e pareciam abandonadas. Os prédios lembravam os depósitos de mercadoria de zonas portuárias.

— Monia, você disse número 27, certo?

— Disse.

— Aqui é o número 27. Mas será que tem gente?

— Vamos apertar a campainha — disse Monia.

Não demorou muito, e um rapaz simpático e atraente abriu a porta.

— Monia! Seja bem-vinda. Você está ótima. Entrem! — disse o receptivo rapaz.

— John, que alegria ver você, esta é minha *roommate*, Júlia.

Quando entramos, ainda não havia muita gente, mas John foi logo explicando como funcionava o lugar.

— Moro aqui com meu irmão caçula. Antigamente, era um depósito de chá. Quem projetou essa galeria foi ele, que é arquiteto. Está fazendo mestrado em Londres. No primeiro andar fica, como já mencionei, a galeria, onde os desenhos dele estão guardados. Mas é uma espécie de laboratório onde podemos fazer nossos experimentos. No segundo andar ficam os quartos, sala e cozinha. Querem ver?

— Sim, claro, vamos acompanhar você — disse Monia.

Capítulo 5
Conviver com diferenças

Ao mesmo tempo em que caminhava, sentia-me tocada com o contraste entre a fachada e o interior do lugar, que tinha muita vida. A galeria estava pronta para a festa, um projetor colocava imagens psicodélicas na parede. A música ambiente era eletrônica, o DJ estava pronto para receber os convidados. Uma mesa enorme estava coberta por muitos quilos de morango. Atrás havia um barman. Contei seis pessoas no lugar. Conosco, seriam oito.

— Meninas, meu irmão está lá em cima, vou apresentá-las a ele.

O irmão de John era tão encantador quanto ele. Eram bastante semelhantes fisicamente. Estava na cozinha conversando com outro rapaz.

— Phil, esta é Monia. Trabalhei no verão passado com o pai dela na Itália. Esta é a amiga dela, Júlia.

— Eu adoro os filmes produzidos pelo seu pai. Ele é genial. Este aqui é meu namorado, Nicholas.

— Este apartamento foi todo desenhado pelo Phil. Conta para elas, Phil, a história. Vou lá para baixo receber as pessoas — disse John.

Nicholas ficou na cozinha. Enquanto isso, Phil foi nos mostrar o segundo andar.

O apartamento era muito confortável. O quarto de John era todo cor-de-vinho. A cama era grande. O banheiro muito espaçoso, o piso era cinza com desenhos de pássaros. Mesmo sem entender muito do assunto, achei extravagante.

— Que piso lindo — disse Monia dentro do banheiro.

— Vocês podem deixar as bolsas aqui. É mais seguro. Vai ter muita gente hoje.

Ele abriu uma caixa. Na verdade, era uma espécie de cabeceira acoplada à cama, mas ninguém poderia imaginar que havia um esconderijo. Guardou nossas bolsas lá.

— Agora, vou mostrar meu quarto inacabado. As paredes são todas de policarbonato. É muito prático.

Era uma espécie de plástico muito grosso, parecido com as pastas de arquivos onde eu guardava documentos em minha casa no Brasil.

— Falta terminar. Está inacabado, mas em duas semanas será um *loft*[41] perfeito.

— Querem tomar algo?

— Preciso beber água — estava morta de sede.

— Eu também — disse Monia.

— Vamos para a cozinha. Quero saber mais sobre seu pai, Monia.

Na cozinha, Phil deu *selinho* em Nicholas. Serviu dois copos de água e começou a conversar. Nicholas enrolou em um papel algo que parecia tabaco.

— Vocês fumam? Temos maconha, compramos na Holanda — disse Nicholas.

— Não, obrigada — disse Monia.

— Não, obrigada — respondi sem demonstrar surpresa.

***

---

[41] Um espaço para diversos usos.

Aparentemente, tudo estava bem. Mas no fundo foi um grande susto. Aprendi em casa que droga era coisa de pessoas desajustadas e tinha pavor de que me forçassem a usá-las. O fato é que nenhum deles tinham o perfil descrito pela minha família. Assim, entendi algo novo: quando os pais não sabem defender seus argumentos de forma convincente, recorrem ao medo e ao preconceito para impor limites. É como descobrir que fantasmas são fruto da imaginação. Não há nada melhor do que a verdade e do que criar regras por meio de experiências reais.

Nicholas ficou fumando a maconha e Phil fazendo perguntas.

— O John adorou trabalhar com seu pai. Está mais maduro depois dos seis meses em que trabalhou com ele na Itália — disse Phil.

— Meu pai é uma pessoa muito difícil, porque é muito perfeccionista. Mas tem um coração enorme.

— Você parece indiana — disse Nicholas como se estivesse em *slow motion*[42].

— Nasci na Índia, mas com poucos meses de vida fui adotada e levada para Milão.

— John me disse que seu pai é apaixonado por você — comentou Phil.

— E eu por ele. E você? Deixou este lugar incrível.

Monia, com muita educação, mudou de assunto. Ficou claro que o assunto era algo muito íntimo.

— Nós alugamos este galpão. Era feio. Deu trabalho para limpar, mas agora em Londres há uma tendência de transformar esses antigos galpões da época da Revolução Industrial em *lofts*. Eu entrei na onda. Eu e o John precisávamos de um lugar para trabalhar e morar. Fico muito tempo na universidade, mas preciso também de um local para receber pessoas.

— Faz tempo que você se formou? — perguntou Monia.

— Não. Terminei há quase um ano. Fiz *Cornell*. Achei importante sair dos Estados Unidos. Inicialmente, pensei em ir para o *MIT*, mas eu precisava sair da minha zona de conforto.

— O que sua família faz? — Monia não tinha vergonha de perguntar nada.

— Nossos pais têm uma construtora em Nova York. Estou me preparando para assumir a empresa. Mas agora estou me divertindo um pouco.

---

[42] Câmara lenta.

— Achei os dois andares incríveis. E para que serve a mesa de morangos lá embaixo? — perguntei.

— Faz parte da decoração da festa. É para comer. E você, Júlia, o que faz? — disse Phil, olhando para mim.

— Estou aprendendo inglês, conhecendo novas culturas e fazendo novos amigos.

— E o que vai ser quando crescer? — perguntou Nicholas.

— Acho que não vou crescer mais do que isso — respondi, fazendo todos rirem. — Sinceramente, ainda não sei.

— Você vai encontrar uma resposta. Está em Londres — disse Phil, falando como se fosse um médium.

— E se ela não encontrar? — perguntou Nicholas.

— Sempre existirá o *foda-se*. Você é de São Paulo? — perguntou Phil.

— Não, sou do Norte do Brasil, da Amazônia.

— Sério? Da floresta? — perguntou, surpreso, Phil.

— Como você chegou aqui? — interrogou Nicholas.

— Nadando... estou brincando — disse Phil.

— Tudo bem. Cheguei de avião. E venho mesmo de um lugar muito distante de Londres. A floresta é muito grande. Quando você viaja de avião, vê um grande tapete verde onde correm os afluentes do Amazonas. É lindo. Eu moro na cidade — expliquei.

— E quantos habitantes tem sua cidade? — perguntou Nicholas.

— Pouco mais de um milhão.

— Como se chama sua cidade? — perguntou Phil.

— Belém.

***

A conversa ficou centralizada em mim. Monia parecia feliz e descontraída. Não tinha nada a perguntar. Porém, ficou impressionada quando falei do tamanho do rio Amazonas e não resistiu em perguntar sobre Belém, depois que revelei que pelas ruas da cidade havia mangueiras.

— Então posso sair pelas ruas e pegar uma manga, a qualquer hora? — manifestou-se Monia.

— Sim, muitas caem no chão. Algumas destroem os vidros dos carros. Tem uns garotos que colhem os frutos e vendem baratinho nas ruas.

— Quero ir para Belém. Pegar manga na rua! — gritou Phil.

— Eu também — disse Nicholas.

— Está vendo, Júlia? O que você arranjou? Dois hóspedes — disse Monia.

Estava sendo uma noite divertida e agradável. Mas lá embaixo havia uma festa. O som estava alto e já escutava o barulho das pessoas falando.

— Vamos descer para a festa! — ordenou Phil.

Do alto da escada, via o local completamente lotado. Em uma hora, o lugar tinha sido transformado pela presença das pessoas. A maioria era de jovens, quase todos estavam vestidos de preto, uma nuvem de fumaça separava o teto da cabeça das pessoas. Todos dançavam com muita energia e não demorou muito para Monia e eu fazermos o mesmo.

Dançamos com vários grupos de pessoas. Bebi água a noite inteira. A viagem para Dublin tinha sido um grande e doloroso aprendizado.

— Júlia, já estou cansada. Vamos para casa? — pediu Monia, depois de dançar três horas sem parar.

— Também estou cansada. Vamos lá em cima buscar as bolsas — respondi, exausta.

Subimos e fomos direto para o esconderijo do John. Abrimos o esconderijo e tiramos as bolsas.

**

Descemos as escadas e nos despedimos de Phil e Nicholas. John estava feliz dançando com uma garota muito bonita. Parecia modelo de capa de revista. Decidimos sair discretamente sem nos despedirmos dele. Na saída da festa, meu salto quebrou.

— Como vamos pegar o ônibus? — falei triste.

— Ônibus? E o metrô?

— Já está fechado.

— Então, vamos chamar um táxi.

— Ai, meu Deus! Me ferrei! Ah, vamos para perto da estação pegar um *black cab*.

Fui caminhando lentamente, apoiando-me em Monia. Estava cansada. Não havia recuperado as energias desde Dublin. Precisava me deitar e dormir um dia inteiro.

No táxi, nós duas conversamos. Foi outra oportunidade para nos conhecermos um pouco melhor.

— Não acredito que meu salto quebrou. Acho que ele não aguentou tanto agito.

— Não sei como você suportou tanto tempo de salto.

Tivemos uma crise de riso.

— Londres não é uma cidade para salto alto — disse Monia.

A conversa foi interrompida porque o carro já havia chegado à porta dos Petters. Desci descalça do carro, entramos em casa sem fazer barulho e nos despedimos no corredor. O domingo já havia começado a amanhecer.

— Tchau, Júlia. Adorei sua companhia. O que vai fazer amanhã?

— Tchau. Sinceramente, tentar estudar. Muito obrigada pela noite divertida.

— Por nada, Júlia.

***

Acordei muito tarde. Já eram quase 16h. Desci e saí para comprar comida pronta no supermercado. A casa estava vazia, deixei um bilhete na cozinha dizendo: "Querida Nathalie, não estarei presente no jantar". Precisava restabelecer minhas energias. Comi os alimentos que tinha comprado e fiz uma reflexão sobre os últimos acontecimentos.

Apesar de canalha, Sergey havia me ensinado duas grandes lições: não confiar em todas as pessoas e jamais aceitar bebida de estranhos.

Foi um domingo tranquilo. Liguei para minha família no Brasil. Falamos durante 40 minutos, contei sobre as belezas da Irlanda. Depois, voltei a dormir.

A casa dos Petters era um lugar de pessoas educadas, respeitavam minha privacidade, sabiam que eu estava extremamente cansada. O estresse físico, além do emocional, foi terrível para mim. Sair com Monia tinha sido divertido, mas acabei acumulando mais cansaço.

Foi na segunda-feira pela manhã que desci as escadas cheia de energia.

— Bom dia, amigos! — falei na sala de jantar.

Estavam todos presentes.

— Vejo que alguém dormiu bem e está pronta para outra viagem — disse Richard com a alegria de sempre.

— Dormi muito — falei rindo. — Peço desculpas pela minha ausência no jantar de ontem, mas emendar de Dublin para a festa da Monia foi pesado.

— Júlia, temos geleia de morango. Eu mesma os colhi, fui com algumas amigas a uma fazenda — falou Nathalie.

— Você colheu os morangos da geleia que vamos comer? — falei, impressionada.

— É uma nova estação: tempo de morangos! Aproveitem — falou Richard.

***

Naquele dia, fomos juntas para a escola. O clima estava melhorando em Londres. Já não estava tão frio como em fevereiro. No caminho da escola já podiam ser vistos os *daffodils*. Eram flores amarelas que, em grandes quantidades, pareciam borboletas. Assim como as estações mudavam, de alguma forma isso afetava o meu estado de espírito. A cidade tinha mais luz natural, e isso me trazia uma sensação de bem-estar. Foi uma manhã inteira de exames. Eu queria um novo desafio, e tentava entrar em um nível mais avançado. Voltei para a sala em que fiz exame em fevereiro no primeiro dia de aula. Já haviam se passado três meses. Tudo estava aparentemente igual: alunos chegando, exames para avaliação de nível. Porém, sentia que em pouco tempo em Londres eu já tinha me transformado.

No período da tarde, recebi o resultado: foi recomendado que eu mudasse de Avançado 1 para Avançado 2. Meu objetivo era chegar ao nível proficiente e fazer os exames internacionais de inglês. Mas para isso eu deveria passar pelos três níveis de avançado. Tinha tempo.

Na porta da escola, encontrei Monia e Zou Li. Logo retornamos para casa. Foi uma festa. Em casa, fomos recebidas na porta por Nathalie. Tinha acabado de colocar o lixo para fora.

— Vocês estão lindas — disse Nathalie sorrindo para nós.

— Consegui mudar de turma — falei.

— Lavem as mãos. O jantar está pronto. A comida hoje é mexicana. Foi o Richard que preparou quase tudo sozinho.

No jantar, cada uma de nós tinha uma surpresa para contar. Era uma noite animada de segunda-feira.

— Eu não sei comer isso. O que faço com as panquecas? — falei, inocentemente, olhando para as panquecas e um prato cheio de cogumelos.

INTERCÂMBIO: "MANUAL" DE SOBREVIVÊNCIA

— Não são panquecas. São tortilhas. Ponha tudo dentro e enrole, depois coma — ensinou Richard.

— Hoje pela tarde procurei uma agência de modelos — revelou Zou li.

— E como foi? — perguntou Monia.

— Acho que devo desistir da ideia. Não gostei do ambiente, me senti mal.

— O que te disseram? — perguntou Nathalie.

— Que já sou muito *madura* para a passarela. Mas disseram que tenho mãos bonitas para fotografar.

Zou Li tinha 21 anos. Fiquei surpresa com o que a agência tinha falado.

— Que absurdo! Esqueça quem disse isso para você — disse Nathalie.

— Você é linda, mas invista seu tempo em algo melhor: estudar é um grande investimento — acrescentou Richard.

— Muito obrigada, vocês são gentis — disse Zou Li, timidamente.

— Júlia, você mudou de nível? O que vai fazer agora? — perguntou Nathalie.

— Bom, eu mudei para Avançado 2. Amanhã, terei outro professor — falei.

— Se você tivesse passado para Avançado 3, seríamos colegas de turma. Richard, a comida está gostosa — disse Monia.

— Também gostei muito. Nunca tinha comido comida mexicana — disse Zou Li.

— Que bom que todas estão felizes. A sobremesa é morango — disse Nathalie.

— Tem morango para o ano inteiro — falou Richard.

***

O primeiro dia em meu novo nível de inglês foi pesado, pois a aula era dada em *alta velocidade*. Meus colegas de classe falavam perfeitamente o idioma. Em grande parte, eram alunos do Leste Europeu e orientais. Meu novo professor chamava-se Anthony. Era um inglês simpático e engraçado. Fez uma dinâmica de grupo que me permitiu fazer amizade com duas pessoas, uma garota da Ucrânia, chamada Sasha, de 16 anos, que parecia top model. A outra era uma espanhola de 40 anos chamada Maria. Era bem gordinha. Ambas eram muito simpáticas.

No intervalo da aula, conversamos rapidamente.

— Júlia, estou convidando todos para o meu aniversário. Gostaria de participar? — disse Sasha, que mal me conhecia.

— Eu já aceitei, adoro festa — disse Maria com um sotaque pesado de espanhola.

— Aceito. Muito obrigada, quando será? — perguntei.

— Na sexta-feira, após as aulas. Primeiro, vamos fazer um *piquenique alcoólico* no intervalo da aula. Depois, no fim da tarde, vamos para o bar onde trabalha meu namorado.

Achei que o horário era cedo demais para beber. Não queria participar da festa, mas não poderia ser indelicada. Seria importante conhecer todo mundo.

A semana passou muito rápido. A casa dos Petters estava tranquila, minhas *roommies*[43] eram pessoas boas. O ambiente estava favorável em casa e na escola.

Para presentear Sasha no seu aniversário, comprei chocolates. Maria deu uma pulseirinha. Os rapazes de nossa sala fizeram uma *vaquinha* e deram a ela uma garrafa de vodca. No intervalo das aulas, reunimo-nos em Covent Garden.

Era inacreditável que Sasha tivesse 16 anos. Parecia ter mais idade.

— Eu pensava que você tinha uns 20 anos — comentei.

— Todo mundo pensa isso. O meu namorado já tem 25 anos. Você vai conhecê-lo mais tarde.

Maria parecia uma mãe moderna. Estava se divertindo. Perguntei o que achava de Sasha ser menor de idade e estar bebendo.

— Não é nada grave. Não vai acontecer nada, fique tranquila — disse Maria.

Sasha distribuiu uns pequenos copinhos de plástico e todos tomaram bem rápido um *shot de vodca*. Achei o gosto horrível e joguei discretamente o líquido no chão.

Em certas ocasiões, a melhor forma de não chamar atenção é fazer igual a todo mundo, mas do seu jeito.

***

---

[43] Colegas de quarto.

Voltando para a sala de aula, a festa continuou com todos cantando parabéns. Foi muito animado. Depois da escola, fomos cantarolando para Leicester Square, uma área cheia de cinemas e peças de teatro semelhante à Broadway em Nova York. O lugar estava lotado. Para poder chegar ao bar do namorado de Sasha, todos seguramos as mãos uns dos outros e caminhamos no meio da multidão.

No bar, conheci Santiago, namorado da Sasha. Era alto, tinha barba e cara de galã latino. Sasha estava muito feliz. O local ficava no segundo andar de um prédio, de onde se via toda a Leicester Square, que estava repleta de pessoas.

— Nossa, quanta gente! O que será que está acontecendo? — perguntou Sasha.

— É uma première[44]. Olha ali os *paparazzi* — apontava Santiago, enquanto descia uma estrela de cinema, que não reconheci.

A vista do bar era privilegiada. Todos se sentaram em círculo, pediram cervejas e hambúrgueres. Pedi uma Coca-Cola com bastante gelo.

— Já descobri o que está acontecendo. A Nicole Kidman vai chegar — disse Maria.

— Sério? Vamos descer! — falei.

— Se você descer, não vai vê-la. É melhor ficar na janela ou descer e ficar no segundo andar do Burger King — disse Santiago com tranquilidade.

Da janela, Maria gritou:

— Corram aqui, Sasha e Júlia. Acho que ela chegou.

Quando cheguei à janela, vi alguém saindo do carro. Usava um vestido cuja cor se confundia com a própria pele da pessoa. Lembrava minhas bonecas de infância. Era Nicole Kidman.

— Obrigada, Maria, por avisar.

— Por nada, Júlia.

— Santiago, você já está de folga? — perguntou Sasha.

— Somente daqui a uma hora — respondeu.

— Então, *queridinho*, traz meu bolo e vamos cantar parabéns — disse Sasha.

---

[44] Estreia de cinema, avant-première.

Os garotos não deram a menor importância para Nicole Kidman. Queriam tomar cerveja, comer e falar besteira. Os assuntos variavam entre saber quem conhecia as novidades de videogame no mercado e quem tinha gostado do filme Matrix. Enquanto isso, Sasha se agarrava com o namorado no sofá. Isso porque ele estava trabalhando. Imagine se não estivesse.

***

Assim, conheci melhor Maria. Não entendia o que uma mulher na idade dela estava fazendo no meio de tantos pirralhos. Disse-me que era executiva de uma multinacional do setor de produção de energia solar. Sua vida era maravilhosa, totalmente dedicada ao trabalho. Contou-me do seu apartamento incrível em Madri. Estava em Londres desde janeiro. Conhecia o mundo inteiro graças à sua profissão.

— Júlia, aqui na Europa trabalhamos muito. E você? Já está na faculdade?

— Não. Fico até dezembro estudando inglês. Talvez estude Direito, como meus pais.

— Na sua idade, já deveria saber o que quer. Ou você quer ser a *Vivian Ward*?

— Quem?

— Julia Roberts é *Vivian Ward* no filme *Pretty Woman*. Ela é bancada por um homem rico.

Fiquei surpresa ao ver que ela sabia o nome do personagem. Para mim, seria sempre o filme da Julia Roberts.

— Não. Claro que não quero ser o personagem de *Pretty Woman*. Você é louca.

— Então, fique esperta.

— E o que você fazia na minha idade?

— Você quer mesmo saber?

— Quero.

— Estudava no Politécnico de Madri. Concluí o curso de Engenharia Ambiental.

— E você com certeza pagava suas contas.

— Não, era meu pai. Desculpe se fui grosseira com você.

— Você vê, com a idade que está é fácil julgar as pessoas. E até que idade seu pai pagou suas contas?

— Até os 18. Eles morreram em um acidente.

Os olhos de Maria se encheram de lágrimas. Senti-me envergonhada.

— Não se preocupe, fiquei questionando você. Mas, acredite, quero o seu bem. Me dá o número do seu celular — disse Maria.

Sasha continuava agarrada com o namorado. Nem tive coragem de me despedir dela. Anotei o número do celular da Maria e fui embora cedo.

***

Comecei a enquadrar os alunos em duas categorias de intenções, independentemente do nível de inglês: turísticos e concentrados. Os turísticos eram pessoas que faziam o intercâmbio para passear. O foco não era o estudo da língua inglesa. Os concentrados estudavam com dedicação. Acho que eu tinha um pouquinho dos dois, de acordo com as minhas conveniências.

Cheguei em casa pensando nas palavras de Maria e me deitei na cama. Que confusão. Ela tinha perdido os pais muito jovem. A vida era mesmo difícil. De repente, alguém bateu à minha porta. Eram Monia e Zou Li me convidando para ir, no dia seguinte, visitar a cidade de Brighton com elas. Aceitei.

Saímos de casa muito cedo para aproveitar o sábado na praia. Nunca havia visitado Brighton. Não tinha a menor ideia de como era a cidade. A viagem durou uma hora, conversamos muito no trem. Era um dia frio, porém, o sol estava lindo.

Ao sair da estação, verificamos que havia um ônibus de turismo na cidade, cada uma de nós pagou sua passagem. Brighton era pequena, organizada. Visitamos o píer, que era uma imensa estrutura de madeira com um parque de diversões. Divertimo-nos como crianças na montanha russa. Para minha surpresa, a praia era de pedra. Então, mesmo com roupa de frio nos sentamos perto do mar e apreciamos a paisagem. Comemos em um restaurante italiano, na marina.

— Adoro o mar. Essa foi a melhor parte para mim. A paisagem cheia de barcos é linda. Monia, você tem vontade de ir à Índia? — perguntei.

— Sim, mas para passear. Zou Li, já falei que nasci na Índia?

— Não.

Então, Monia contou de novo toda a história que eu já conhecia.

— Você gostaria de conhecer sua família biológica? — perguntou Zou Li.

— Não sei... Vou dizer a verdade: sim. Talvez eu faça isso depois que terminar a faculdade. Porém, tenho medo de perder a minha paz e magoar meus pais. Gostaram desta cidade?

Monia mudava bruscamente de assunto quando ficava confusa.

— Sim, é agradável — disse Zou Li.

— Também gostei. É bom quebrar a rotina — respondi.

— Já é tarde, que tal caminharmos um pouco na praia e depois voltar para Londres? — sugeriu Monia.

***

Apesar de aconchegante, Brighton não me convenceu como cidade. Pensei que seria entediante viver em um lugar como aquele. Pensei que um dia era tempo suficiente.

Chegando em casa, os Petters nos esperavam para o jantar. Contamos nossas histórias.

— Nathalie preparou um prato especial — revelou Richard.

— É carne de *venison*, receita da minha mãe — disse Nathalie.

Pequenos dicionários estavam sempre na mesa dos Petters.

— Preciso consultar o dicionário. Não sei o que é *venison* — comentei.

— Em italiano, se diz *carne di cervo* — informou Monia.

— Também não sei o significado em chinês — disse Zou Li.

— Vamos para os dicionários — disse Richard.

— Encontrei *venison*, que é cervo[45] — gritei.

Zou Li informou o nome em chinês, mas foi inútil tentar ensinar a pronúncia. Estávamos alegres e falantes, como de costume. Comemos com calma e depois descrevemos nosso passeio em Brighton. Mas o assunto principal era a carne de *venison*.

— Júlia, qual é a coisa mais exótica para se comer na Amazônia? — perguntou Monia.

— Acho que é o Muçuã. É uma delícia, eu adoro.

— É um tipo de carne de boi? — perguntou Nathalie.

— Não, é um tipo de tartaruga bem pequena.

---

[45] O sinônimo em português é *veado*.

— Você come tartaruguinha? Eu tenho uma tartaruguinha em Milão — disse Monia, horrorizada.

— Também gosto muito das tartarugas — disse Nathalie.

Foi uma sensação horrível para mim. Algo que achava natural era considerado crime por outras pessoas.

— Vocês têm que entender a cultura do lugar. Se pararem para pensar, comer qualquer animal não é nada bonito — interveio Richard.

Depois do jantar que terminou em polêmica, voltei ao quarto para estudar, quando alguém bateu à minha porta. Era Zou Li.

— Oi, Júlia, posso entrar?

— Zou Li, pode sim.

— Queria dizer que entendo você e não acho que seja *selvagem* porque come tartaruga.

— Obrigada — respondi rindo.

— Quero te contar um segredo, porque te entendo.

— Tá! Pode contar.

— Na China, muitas pessoas comem carne de cachorro. Aqui no ocidente isso é quase um crime.

— Eu já tinha ouvido falar, mas não sabia se era verdade.

— É verdade! Adoro comer carne de cachorro. Acho uma delícia.

Senti um frio na espinha, pensei em todos os cachorrinhos lindos que conhecia. Era como dizer que era gostoso comer criança. Respirei fundo e encerrei a conversa.

— Zou Li, muito obrigada, você não imagina como essa informação mudará minha percepção de mundo. Você é uma *fofa*.

— Por nada, agora você vai dormir melhor. Boa noite.

— Com certeza. Boa noite.

Na verdade, não consegui estudar nem dormir. Ganhei uma bela insônia. Pensei que todas as formas de matar animais para comer eram cruéis. Pobres tartaruguinhas! Pobres patinhos, galinhas e porquinhos! Passei a noite me sentindo culpada. Talvez ser vegetariana fosse o mais correto, mas isso ficaria para a próxima semana, porque já estava cheia de obrigações com a escola.

***

Sorte que o dia seguinte era domingo. Passei o dia em casa. Liguei para a família, como de costume. Quando ficava em casa, não saía do quarto. Minha rotina era estudar. Raramente ia para a sala de estar com os Petters, pois gostava de respeitar a privacidade deles. Nossos encontros eram durante as refeições.

O tempo estava passando rápido. Já era a última semana de Monia e Zou Li. Às vezes as via pelos corredores da escola. Pareciam felizes.

Foi durante o último jantar delas com os Petters que percebi estar cada vez menos sentimentalista. Encarava as despedidas com naturalidade e sabia que em breve chegariam outros jovens. E isso se repetiria até voltar para o Brasil.

Foi uma despedida com muitos risos.

— Nathalie, ultimamente tenho pensado sobre aquele assunto dos animais: acho que vou tentar ser vegetariana.

— Que bobagem é essa, Júlia? Eu não aceito alunos vegetarianos — disse Nathalie.

— Por quê? — perguntei assustada.

— Porque são uns chatos! — disse Richard.

— E não gostam de tomar banho — acrescentou Nathalie.

— Gente, isso não é verdade. Minha mãe é vegetariana. Toma banho todo dia. Tem um ligeiro mau humor matinal, mas é uma pessoa maravilhosa — disse Monia.

— Eu sei, mas nunca tivemos a sorte de conhecer alguém assim — disse Richard.

— Você deveria tentar, fazendo sua própria comida. Assim, a Nathalie não te manda embora — disse Zou Li.

— O que você acha, Nathalie? — perguntei.

— Júlia, nos damos tão bem, você pode virar vegetariana no Brasil — disse docemente.

— Está bem, Nathalie. Em dezembro mudo meus hábitos alimentares — disse, encerrando o assunto.

A conversa passou a girar em torno dos horários dos voos. Nathalie ajudou a reservar dois táxis, cada um de acordo com os horários das meninas. Despedi-me das duas, pois sairiam em horários diferentes, ambas na madrugada.

Abracei as meninas, anotei seus e-mails. Fui para o quarto, quando alguém bateu à minha porta. Era Monia.

— Oi, Monia, tudo bem?

— Tudo. Queria me despedir de você.

Nas mãos de Monia, havia um pacote bonito e um cartão.

— Quero te entregar uma pequena lembrança.

— Monia, não precisava. Entre aqui.

Ela entrou e se sentou na cama. Me sentei numa cadeira.

— Quero agradecer por sua amizade. Você foi muito generosa comigo.

— Não fiz nada. Queria ter dado mais atenção para vocês.

— Você me tratou com carinho. Andou ao meu lado. Na Itália, muitas pessoas me discriminam. Alguns me tratam bem para se aproximar do meu pai. Nunca sei quando gostam de mim ou quando querem estar com ele.

Fiquei impactada com o que ela disse e sem palavras. Nossos olhos ficaram marejados, porque aquela realidade era cruel. Monia entregou dois pacotinhos para mim num envelope.

— Muito obrigada. Não precisava, eu gosto de você, independentemente dos presentes — disse, enxugando as lágrimas.

— Sei disso, Júlia — respondeu, caindo na gargalhada, o que levantou nosso astral.

Abri os dois pacotinhos. Um continha uma bolsinha de couro, pouco maior que minha mão. No outro, havia um espelho com pequenos cristais Swarovski.

— São lindos, obrigada.

Custei a dormir. Quando acordei, Zou Li e Monia já tinham partido. Richard estava na sala sozinho.

— Bom dia, Richard.

— Bom dia. Nathalie está na cozinha, acabou de preparar um brunch. Veja se tem algo para você comer.

— Você está me acostumando mal. Não quero aborrecer Nathalie.

— Deixe de bobagem — disse e bateu na parede como quem batia em uma porta.

— Por que faz isso?

— É meu *celular*. Estou avisando a Nathalie que você está aqui.

Nathalie respondeu com três toques na parede. Os dois criaram um sistema prático de comunicação. Como Richard tinha problemas de locomoção, a parede, que era de madeira, servia para evitar o seu deslocamento até a cozinha, enquanto Nathalie trabalhava.

— Bom dia, Nathalie, acabei de conhecer o *celular do Richard*.

— Descobriu um de nossos segredos. Quer comer alguma coisa? Fiz sanduíches para o brunch.

— Aceito.

Enquanto colocava o sanduíche no prato, percebi que Nathalie alimentava um animal na porta de serviço da cozinha. Parecia um cachorro, mas era vermelho. Tinha algumas feridas nas patinhas.

— Ela apareceu de repente. Estava toda ferida e decidi cuidar dela. Coloco remédio dentro do pão. Já melhorou muito.

— E por que não fica com ela?

— É uma raposa, não um cachorro, Júlia. Vem aqui quase todos os dias. Faço o que posso para ajudá-la.

— Nathalie, agora que as meninas já foram, vou contar uma fofoca.

— Fala logo!

— A Zou Li gosta de comer carne de cachorro.

— Meu Deus! Que horror! Mas a Zou Li é muito educada. Certa vez, tivemos um aluno chinês que só comia de boca aberta. Eu tentava explicar que era grosseiro, mas ele sempre dizia *"Isso é muito educado na China. Significa que a comida está gostosa"*.

— Mas é só por isso que você não gostava dele?

— Isso é muito grave, Júlia. Quando você come, ninguém é obrigado a ver o que tem dentro da boca. Os japoneses são mais educados, também fazem ruído quando comem, mas aqui no ocidente sabem se comportar.

— Bem, Nathalie. Em relação à Monia, ela me deixou um presente tão *fofo*!

— O que ela te deu de presente?

— Uma bolsinha de festa e um espelho com cristais. O que ela deu para você?

— Nada. Não me deu nada — disse, brava. — Essa garota se diz italiana, mas obviamente não é. Deve ter sido adotada. Os italianos fazem muita adoção de crianças indianas.

— Sim, ela disse ser adotada. Mas é italiana, sim. Passou a vida inteira lá.

Foi a primeira vez que fiquei triste com a atitude dela, mas eu adorava os Petters. Assim como nossos desafetos podem nos surpreender com atitudes positivas, o contrário pode acontecer. As pessoas que estimamos são imperfeitas.

— Obrigada pelos sanduíches. Vou levar para o quarto.

— Bom estudo.

— Obrigada. Teremos novos hóspedes?

— Em uma semana chegará uma pessoa da Venezuela.

— Garota ou garoto?

— Uma mulher com mais de 40 anos.

— A Maria da minha sala também é velha. Tem 40 anos.

— Ela não é velha. Quando você tiver a idade dela e a minha, mudará de ideia.

— Qual é sua idade?

— 68, e o Richard tem 74. Então, somos o quê?

— *Fofos*. Vou estudar. Tchau.

Subi as escadas pensando em Monia. Quando abri a porta do quarto, encontrei um envelope no chão. Na capa do cartão estava escrito *"Sempre que você precisar de um amigo para confiar"*. Dentro, dizia: *"Amigos são tesouros. Eu encontrei você, Júlia. Obrigada por andar lado a lado comigo. Amigas para sempre."*

***

Quando estava próximo das 12h, recebi um telefonema de Maria.

— Júlia, quer almoçar comigo?

— Eu ia sair para comer perto de casa e voltar para estudar.

Fiquei pensando o que eu iria fazer com uma mulher de 40 anos.

— Vamos, Júlia, você está bem na escola. Depois podemos ir ao cinema.

— Aonde você quer ir?

— Você quer conhecer Notting Hill? Hoje é um bom dia para ir à Portobello Road[46].

---

[46] Local onde ocorre um dos mercados ao ar livre mais populares de Londres.

— Fui lá com meus pais no ano passado. Nunca vou a esses lugares. Não gosto de velharias.

— Bem, Júlia, preciso de você. A Sasha me deixou na mão. Só quer saber do namorado.

— Como posso te ajudar?

— Me encontra às 13h na estação Notting Hill. Lá eu explico.

No dia em que Maria me contou da morte dos pais, me senti envergonhada de mim mesma, porque minhas perguntas a levaram a um momento de tristeza. Achei que tinha que me desculpar. Agora era a oportunidade.

— Conte comigo, estarei lá.

Troquei de roupa, avisei os Petters que não jantaria em casa e fui direto para Notting Hill. A estação estava superlotada. Algo que eu odiava em Londres nos fins de semana era o transporte público. Virava um caos.

Quando cheguei à superfície, meu celular começou a tocar. Era Maria.

— Cadê você, Júlia?

— Estou aqui, acabei de chegar. Estou vendo você do outro lado da rua.

— Fica aí, espere um pouco.

Quando vi Maria atravessando a rua, tive vontade de voltar para casa, mas era tarde.

— Júlia, que bom que você veio. Muito obrigada. Vamos caminhando para Portobello Road.

Portobello Road, e seu tradicional *mercado de pulgas*[47], estava cheio de pessoas. Era um movimento bonito. O que eu menos gostava eram as barracas de comida por serem desorganizadas e pouco higiênicas. Quando chegamos em frente a um cinema, Maria começou a dar as instruções.

— Júlia, este cinema é o Electra. É um lugar magnífico. Há um bar lá dentro e, ao lado, um restaurante. Vamos comer aqui.

— Que tipo de comida eles servem?

— Entra logo, Júlia.

Entrei e achei estranho o pedido de Maria. Lugar para três. Sentamo-nos à mesa e fizemos os pedidos. Pedi uma pasta ao *vongole* e Maria, uma lasanha. Ela estava inquieta. Tinha algo a contar, mas não sabia como começar.

---

[47] É um tipo de mercado/feira em que as pessoas vendem objetos antigos.

— Júlia, preciso contar a verdade. Combinei tudo com Sasha, mas essa menina não larga o namorado. Na última hora, avisou que não viria. Aí lembrei de você. Promete que vai guardar segredo?

— Prometo, conta logo.

— Conheci um cara pela internet. Marquei de encontrar com ele aqui onde estamos.

— Maria, você deveria ter dito que era isso. Não faz sentido minha presença. Você já tem idade para namorar.

— Eu sei, mas e se ele for um assassino ou um terrorista? Não me deixe sozinha. O que você quer que eu faça? Eu te pago 100 libras.

— Maria, você está louca? Eu tenho meu dinheiro.

— Desculpa, Júlia, estou nervosa. Ele deve estar chegando. Marquei 14h30, faltam cinco minutos.

O telefone de Maria tocou, percebi que era o *cara*.

— Estou aqui na segunda mesa com uma amiga, estou vestindo uma blusa *pink*.

Quando desligou o telefone, estava eufórica. Acho que já se imaginava casando e lavando as cuecas dele.

— Júlia, ele está na frente do restaurante. Ai meu Deus!

Não vi ninguém entrar no restaurante. Mas, de repente, ouvi alguém dizer a palavra *Maria*. Olhei para baixo e pensei que fosse uma criança, mas era um anão.

— Olá, Maria, você está igualzinha na foto — disse o anão.

— Sério? Você deve ser o Samuel — respondeu Maria com os olhos arregalados.

— Sim, muito prazer. Posso me sentar?

— Claro, esta é minha amiga Júlia.

— Olá — coloquei a mão na boca, mas não funcionou.

Não consegui me controlar e comecei a rir. Foi horrível. Tive que pedir para ir ao banheiro porque já estava quase fazendo xixi nas calças. Lembrei que no Brasil uma colega da escola conheceu um rapaz pela internet. Os dois eram adolescentes e se casaram rapidinho porque ela ficou grávida.

***

Quando voltei para a mesa, Maria estava sozinha.

— Cadê o Samuel?

— Foi embora.

— Por quê?

— Não se faça de ingênua, Júlia.

— Foi por minha causa? — falei assustada.

— Ele ficou chateado com você. Foi muito feio o que fez. Precisa se controlar, não é mais criança. Porém, sua atitude me deu coragem para terminar o encontro. O problema foi ele ter mentido. Odeio mentira.

— Se você odeia mentira, não deveria buscar namorado na internet. Você é inteligente.

— Mas não sou bonita.

Nunca tinha escutado alguém dizer aquilo. Talvez porque o Brasil é um país com pessoas de autoestima elevada.

— Não diga isso. Você é bonita, mas, mas...

— Pode falar, Júlia.

— Precisa emagrecer. Lá no Brasil, a mulherada vive de regime. Fazem muitas plásticas. Mas acho que o segredo é morrer de fome. Minha mãe tem 44 anos e, além de ser viciada em comprar cosméticos, come muito pouco.

— Sua mãe tem 44 anos?

— Sim, qual o problema?

— Nada — respondeu muito pensativa.

— Maria, você está bem?

— Vou confessar algo. Já pensei em fazer plástica. Talvez você esteja certa, preciso melhorar minha aparência. Mas agora vamos ao cinema.

— Cinema, depois de tudo isso? Tem certeza?

— Claro.

— Está bem, mas primeiro, peça a conta.

Pagamos a conta e entramos no cinema. Foi uma grande surpresa ver a decoração do Electra. O cinema era enorme. As poltronas eram uma mistura de sofá com cama de solteiro, também havia um bar com garçons para servir as pessoas. Achei charmoso.

— Gostou, Júlia? O que quer beber?

— Gostei muito. Vou beber um Martini — queria provar que não era mais criança.

— Agora você sabe ser adulta. É uma boa sugestão, vou pedir o mesmo.

O filme era uma porcaria. Contava a história de uma secretária emocionalmente fraca. Fazia de tudo para agradar o chefe, inclusive práticas sadomasoquistas. O melhor era o visual do cinema, misturado com cheiro de pipoca e couro. Por esse motivo, valeu a pena.

Quando acabou o filme, Maria estava muito grata por minha companhia.

— Júlia, muito obrigada por hoje. No próximo sábado estarei em casa. Você poderia, um dia, me visitar em Madri.

— Muito obrigada, vou tentar. Você vai estar na escola esta semana?

— Estarei, tenho aula normal até sexta-feira.

— Então nos vemos na segunda-feira.

— Júlia, não conta para ninguém, nem para Sasha.

— Tudo bem.

Cheguei tarde em casa. Tive um domingo dedicado aos estudos e aproveitei para conversar com a minha família pelo telefone.

***

Na segunda-feira, na sala de aula, Maria estava diferente. Parecia triste. Acho que tinha fantasiado Samuel como o *homem de sua vida*. No intervalo, Sasha nos perguntou sobre o encontro.

— Como foi o encontro, Maria? — perguntou Sasha.

— Ele não foi — disse Maria.

— Fomos ao cinema. O lugar é muito bonito — queria fazer parte da conversa.

— Esses namoros de internet nunca funcionam. Maria, você é uma mulher de sucesso, não precisa disso — disse Sasha.

— Eu sei, vou fazer algo por mim. Prometo. O que vocês vão fazer na sexta-feira? — perguntou Maria.

— Pensei em fazer uma despedida para você lá no bar em que Santiago trabalha — disse Sasha.

— Não tenho nada programado — falei.

— Não quero ir a nenhum bar. Tenho outra ideia. Passem uma tarde comigo. Depois da aula, é claro. Tragam um biquíni na bolsa.

Sasha e eu nos entreolhamos, mas aceitamos o convite. Fiquei imaginando as três em um parque aquático horroroso. Sempre odiei esses lugares cheios de tobogãs, com pessoas bebendo água cheia de xixi.

***

Na saída da escola, alguém gritou meu nome. Era a mexicana Grace. Estava diferente, quase não a reconheci.

— Grace! Quanto tempo.

— Júlia, como vai?

— Muito bem, estou a caminho de casa. E você?

— Mudei de escola. Agora faço um curso na própria universidade onde quero estudar desenho industrial. Quer almoçar comigo na sexta-feira? Há um restaurante dentro do museu britânico.

Havia cortado e alisado o cabelo no estilo *Amelie Poulain*, usava pouca maquiagem e parecia ter ganhado um forte sotaque britânico em pouco tempo.

— Infelizmente, já tenho compromisso.

— Que tal sábado? Vamos, diz que sim!

— Combinado. Onde nos encontramos?

— Na entrada secundária do Museu Britânico, onde tem uns leões grandes. Ao meio-dia. Está bem para você?

— Está ótimo.

Anotamos os números de telefones uma da outra e partimos cada uma para seu próprio destino.

***

Foi uma semana de vários reencontros. Pensei que aquilo era mágico. Estava sozinha e, de repente, antigos conhecidos voltavam a aparecer. Decidi aproveitar o que a vida estava oferecendo. Durante a semana, em uma quinta-feira, no intervalo da aula, encontrei Sérgio. Estava na cantina da escola cercado de brasileiros. Eu sempre evitava comer por lá. Um dia, encontrei um cabelo no sanduíche. Foi nojento. Por isso, comprava somente água e refrigerante em lata.

— Oi, Júlia, senta aqui conosco — gritou Sérgio.

— Oi, gente — falei.

Sérgio estava vestido com roupas pretas e rasgadas. Usava óculos enormes, espelhados. Era sempre diferente.

— Adorei sua capa de chuva — disse Kelly.

— Júlia, por onde você anda? É difícil ver você na escola — disse Sérgio.

— Sério? Nunca falto à aula. Mudei de nível.

— Tenho faltado muito, mas por bons motivos — disse Sérgio.

— O bom motivo dele é ficar batendo perna nas lojas — disse Kelly.

— É muito difícil o seu nível? — perguntou Letícia.

— Achei pesado. Tenho estudado muito para acompanhar a turma.

— Tem *gatinho* lá? — perguntou Kelly.

— Somos em média 12 alunos. Só fiz amizade com uma ucraniana e uma espanhola. Os meninos são muito moleques.

— Vamos sair este sábado, Júlia? — disse Sérgio.

— Sinto muito. Não posso, vou almoçar com uma amiga no Museu Britânico.

— Posso ir com vocês? — disse Sérgio.

— Júlia, ele é instável, não faça tudo o que ele quer — alertou Letícia.

— Se você quiser ir, tudo bem. Estarei na entrada secundária atrás do museu, onde tem os leões, às 12h.

— Perfeito, estarei lá.

— Pessoal, tenho aula. Bom rever vocês — me despedi.

Na sexta-feira, quando cheguei à escola, Maria estava alegre. Não parecia nada triste por ir embora. Eu havia colocado o biquíni na minha mochila, mas ainda tinha esperança de não usar. Tudo ocorreu normalmente durante as aulas. Quando fomos liberadas, recebemos as instruções.

— Garotas, peço que desliguem o celular. Vamos começar nossas atividades, sigam-me — disse Maria.

Perguntei no ouvido de Sasha se sabia aonde iríamos. Pensei em inventar que não sabia nadar, mas mudei de ideia, imaginei Maria buscando uma boia gigante para mim.

— O que vamos fazer? — perguntou Sasha.

— Sigam-me — ordenou novamente Maria.

Fomos andando na área de Covent Garden, enquanto Maria agradecia especialmente à Sasha pela amizade, e que tinha tido a sorte de me conhecer no final do intercâmbio. Disse que eu era uma boa menina. De repente, paramos em frente a uma vitrine com um pote de cosmético iluminado.

— Chegamos. Hoje vamos passar um dia no spa. Fiz a reserva das atividades. Vocês vão amar — disse Maria.

— Tá louca? Não tenho dinheiro para isso — disse Sasha.

— Também não posso. Pensei que fôssemos para um parque aquático.

— Que mau gosto, Júlia. Gosto das coisas boas. Vocês são minhas convidadas. Vamos, estão nos esperando.

Quando abrimos a porta, fomos recebidas por três pessoas. Depois de passarmos pelo balcão, o lugar revelou-se uma ostentação. Pensei que minha mãe amaria estar em meu lugar. Maria pagou um pacote igual para cada uma. Fomos levadas para o subsolo. Parecia uma gruta de pedra. Um corredor bonito e iluminado contendo várias portas. Cada uma de nós foi encaminhada para uma delas.

***

A sala em que entrei parecia um quarto de hotel. Comigo entraram duas moças. Pediram para eu me despir. Estava maravilhada com os cheiros, a música. Era um barulhinho de água. No centro do quarto havia uma maca de massagem. Não havia divisão entre os espaços, o banheiro estava visível.

As moças avisaram que faríamos uma massagem *ayurvedica*, duraria pouco mais de uma hora. Não era permitido conversar. Finalizaria com um azeite. Por isso, eu teria que tomar banho depois.

Quando tirei a roupa, senti um pouco de vergonha. Pensei que não aguentaria ter duas pessoas tocando no meu corpo por tanto tempo. Porém, logo nos primeiros minutos, relaxei. Às vezes, abria os olhos e notava que as duas massagistas estavam rezando, ao mesmo tempo em que faziam os movimentos. Era uma experiência muito agradável. Quando terminou, as duas estavam molhadas de suor. Naquele estado de espírito, nada me tiraria do sério.

O chuveiro tinha um design contemporâneo. Fiquei de molho sem me preocupar com a hora. Foi Maria que entrou de roupão e avisou que teríamos outras atividades. Juntas, ainda fizemos cabelo, manicure e pedicure. Eram muitos paparicos. Serviram-nos chá e pequenos sanduíches.

— Gostaram do dia de hoje? — perguntou Maria.

— Acho que você deveria ficar em Londres e fazer isso mais vezes conosco — disse Sasha, com ar de brincadeira.

— Amei! O problema é que vou ficar com saudade deste dia. É tão fácil se acostumar com as coisas boas — suspirei.

— É verdade, Júlia. Por isso trabalho muito. Vocês devem estudar para ser independentes. Esse foi meu presente para vocês, crianças. Espero que visitem Madri. Vão adorar minha casa.

Fiquei pensando que Maria tinha uma vida profissional de muito sucesso. Merecia ser feliz e encontrar um namorado bacana. Quando nos despedimos, agradeci muito. Foi um dia inesquecível.

***

Cheguei em casa muito descontraída. Subi para o quarto, olhei minha escrivaninha e pensei que aprender inglês era de extrema importância. Porém, as experiências diárias com outras culturas era algo magnífico. Em pouco tempo, já tinha três convites de viagens internacionais: Tóquio, Milão e Madri. Quem sabe um dia eu visitasse minhas novas amigas, *you never know*[48].

Durante o jantar, fui avisada novamente da chegada da venezuelana, o que não me deixou preocupada. Estava segura de que seria uma pessoa educada, como todos que haviam passado por aquela casa. Afinal, eu tinha acabado de conviver com uma pessoa madura, e a experiência tinha sido boa. Aproveitei para avisar que não faria as refeições em casa no sábado.

Pela manhã, acordei muito tarde, mas a tempo de não me atrasar para o encontro no Museu Britânico. Quando cheguei ao ponto de encontro, nem Grace nem Sérgio estavam lá.

Depois de esperar cerca de 20 minutos, chegou Grace. Não pediu desculpas pelo atraso e foi logo dizendo para entrarmos.

— Estou com fome. Vamos entrar? — disse ela sem pedir desculpas.

— Grace, convidei um amigo. Podemos esperar um pouquinho?

— A que horas você marcou com ele?

— Às 12h, aqui.

— Está atrasado quase meia hora! Você está paquerando *ele*?

— Não. Ele é gay.

— Então vamos entrar. Ele te liga quando chegar.

— Tudo bem, mas vou deixar uma mensagem no celular dele, avisando que vamos estar no restaurante.

---

[48] Nunca se sabe.

Ela não deu muita bola. Tinha um arzinho de *tô nem aí* no seu jeito de ser. O museu estava lotado. Eram tantos idiomas que se escutavam ao mesmo tempo. Pensei: como não tinha feito isso antes? Fiquei três meses sem visitar aquele lugar.

— Senti-me feliz quando encontrei você na saída da escola — disse.

— Fui cancelar o curso da Blue School. Contei que estou matriculada em um curso preparatório para ingressar em uma universidade britânica?

— Contou rapidamente. O Sérgio quer fazer o mesmo que você.

Meu celular começou a tocar.

Era Sérgio. Disse que chegaria em 30 minutos. Por isso, decidimos visitar a biblioteca, que estava a poucos metros de nós. Além de bela, era circular. Parecia um santuário. Em uma mesa, cerca de cinco pessoas se amontoavam. Aproximamo-nos deles. Um funcionário do museu, bastante idoso, explicava algo para as pessoas à sua volta.

— O que está acontecendo? — perguntou Grace baixinho para aquele senhor.

— Estamos celebrando 250 anos de Museu Britânico. Aqui na mesa, temos algumas peças que, neste momento, poderão ser tocadas pelo público.

Foi só um momento, porque não era permitido tocar nas obras. A própria *Pedra de Roseta* e outras obras estavam protegidas por vidros especiais.

Estendi a mão direita e ele colocou um objeto menor do que a palma da minha mão. Como estava sem luvas, consegui sentir a textura da peça. Parecia um pedaço de concreto de construção, mas tinha alguns relevos.

— Você sabe o que é isso? — perguntou o senhor.

— Parece um elefante — respondi.

Ele sorriu e disse:

— É um hipopótamo.

O telefone começou a tocar e saímos rapidamente da biblioteca. Era Sérgio.

— Cadê vocês? — perguntou Sérgio.

***

Escolhemos como ponto de encontro a área de alimentação. Sérgio vestia um modelo feminino de casaco de pele. Óculos estilo Jackie Kennedy. Apresentei Sérgio para Grace e compramos comida em um bufê. Seguimos para as mesas compartilhadas, onde se poderia comer e, ao mesmo tempo, admirar a biblioteca que era a protagonista da paisagem.

— Júlia contou que você quer estudar em uma universidade britânica — disse Grace.

— Sonho em estudar moda, mas não sei se estou no caminho certo — respondeu ele.

Grace começou a explicar todo o processo para ingressar em uma universidade em Londres: exame de inglês tendo 6 como nota mínima, entrega de portfólio e aprovação no *A-level*. Entendi que o processo levava cerca de um ano e que existiam escolas especializas para isso. Informou que as próprias universidades ofereciam cursos preparatórios. Sérgio estava visivelmente triste e preocupado.

— E você, Júlia, além de estudar inglês, quais são seus planos? — perguntou Grace, enquanto abria um potinho de plástico com sobremesa.

— Acho que melhorar meu inglês até o final do ano é um objetivo importante.

— Acho horrível, quando as pessoas têm nossa idade e não sabem o que querem para o futuro. Claro que não é o seu caso — falou Grace.

Mesmo dizendo que não estava se referindo a mim, fiquei decepcionada. Senti que o comentário era maldoso.

— As poucas vezes que ligo para a Cidade do México para falar com minhas amigas é a mesma história: não sabem o que fazer da vida. Com certeza, farão o que suas mães fazem: *MMA*.

— Um momento, você não nasceu aqui? Onde vocês se conheceram?

— Ela é mexicana, dividimos quarto na viagem de Dublin.

— E onde você aprendeu a falar assim? — perguntou Sérgio, surpreso com o sotaque britânico de Grace.

Eu tinha percebido que sua maneira de falar estava diferente desde a última vez que a reencontrei.

Ela ignorou o comentário de Sérgio e continuou falando.

— Sabem o que é MMA? — perguntou.

— Não — respondemos os dois.

— *Master in Matrimonium: Mestrado em Casamento* — respondeu ela.

O comportamento de Grace confirmava a primeira impressão que tive a seu respeito quando a conheci.

— E o que faz seu pai? — perguntou Sérgio.

— É empresário. É proprietário da melhor boate da Cidade do México. Só para vocês terem uma ideia, o Ricky Martin é frequentador assíduo.

— Uau! Ricky Martin — disse Sérgio em tom de ironia.

— O lugar é *posh*[49] — enfatizou Grace.

— *Posh* — acrescentou Sérgio com leve sorriso de quem estava se divertindo.

Grace continuou falando.

— Só entra quem está na lista de convidados. Há uma pessoa na porta selecionando quem pode entrar. Verifica os sapatos e as roupas das pessoas.

— Interessante. Onde você mora, Grace? — perguntou Sérgio.

— Perto da estação Bond Street.

— E vocês? — perguntou Grace.

— Perto do parque Hampstead Heath — respondi.

— Em Greenwich — disse Sérgio.

— Como o tempo passou rápido! Tenho que ir, preciso descansar um pouco — disse Grace olhando para o relógio.

Depois que ela foi embora, ficamos mais à vontade.

— Júlia, não gostei dela — disse Sérgio.

— Viajei com ela para Dublin. Foi legal. Até me ajudou em um incidente.

— Está claro que o pai dela é traficante. Imagina dono de boate no México?

— Será? Não pode ser — falei.

— Pensa, Júlia, pensa. Se eu fosse você, não sairia mais com ela — falou Sérgio, encerrando a conversa.

***

Sérgio me convidou para conhecer a casa dele. Era cedo e nunca tinha estado em Greenwich. Aceitei o convite e fomos de metrô. O percurso foi cansativo, mas o bairro era muito bonito. Ele morava em uma casa grande, um pouco maior que a residência dos Petters. Dentro, estava parte da família que o recebia como intercambista. A host mother estava na cozinha. Era jovem e linda. Ao lado dela havia um garotinho de, no máximo, 10 anos.

---

[49] Chique, de alta classe.

Cumprimentamos os dois e fomos direto para o quarto.

— Sua *host mother* é linda — falei.

— São de origem turca.

Sérgio tirou do armário uma caixa enorme cheia de lápis coloridos e vários cadernos. Mostrou seus desenhos. Adorei todos. Tinha muito talento. Se fosse organizado e disciplinado, pensei que não teria grandes dificuldades para ser aprovado no curso de moda com que tanto sonhava. Contou que adorava Lisboa, mas pertencia a uma família muito tradicional. Sua mãe o entendia na mesma proporção que seu pai detestava suas excentricidades. Vi as fotos que contavam a história de um menino *quase* feliz.

Ouvimos um ruído que vinha da porta do quarto. Para surpresa nossa, o garotinho estava atrás da porta tentando escutar a conversa.

— Tariq, já sabe falar português? — perguntou Sérgio em inglês.

Tariq não respondeu nada, saiu correndo como um rato.

— Esse garoto vive xeretando minha vida. Às vezes, penso em sair daqui por causa disso.

— Tenho que ir para casa. Moro longe daqui — falei.

— Acompanho você.

— Tem certeza?

Saímos felizes em direção a *Crouch End*. Sérgio cantava no caminho a música *Dreams*. Eu não sabia a letra, mas gostei do desempenho dele. As pessoas o aplaudiram no metrô.

Em pouco tempo, já tinha demonstrado muitas habilidades: detectar a falta de modéstia, simpatia com as pessoas, desenhar, cantar e ser gentil. Perguntava-me que outras habilidades que Sérgio teria.

***

No caminho, conversamos.

— Fale sobre suas amigas brasileiras — falei.

— A Letícia é um doce de pessoa, mas a Kelly é muito inquieta. Se você conhecer alguém, não apresente para ela, porque é uma predadora. O problema da Letícia é que ela é muito carente. Não sabe fazer nada sozinha. Apesar disso, é incapaz de fazer mal para alguém. Quando fico triste, ela me dá bons conselhos. Já estão próximas de voltar para o Brasil.

Quando chegamos, não convidei Sérgio para entrar. Os Petters já tinham avisado para não levar estranhos sem a permissão deles. Despedimo-nos e fui até a sala onde os dois estavam assistindo ao telejornal.

— Boa noite. Acabo de chegar de Greenwich. Estou exausta por causa do metrô.

— Assim é Londres. Quero somente pedir um favor — falou Nathalie.

— Pode pedir, Nathalie.

— A venezuelana chega amanhã pela tarde. Você pode ir com ela para a escola na segunda-feira?

— Claro. Amanhã vou estudar o dia inteiro. Mas estarei presente no jantar.

***

Minha vida era tão intensa que estar sozinha em um domingo no meu quarto tornou-se um prazer. Pensei em Grace e nas palavras do Sérgio. Decidi não criticar o comportamento dela. De qualquer forma, junto de suas amigas, foi amável em Dublin e me salvou em uma situação de perigo. Mas decidi não sair mais com ela. Com certeza conheceria outras pessoas, pois ainda tinha muitos meses em Londres.

Liguei para meus pais. Ficaram felizes com minhas novidades *filtradas*. Resolvi ser sincera em um aspecto e contei que Maria havia me presenteado com uma tarde de spa. Levei uma grande bronca dos dois. Jamais imaginei que seria tão criticada por eles.

Após o telefonema, fui até uma loja de conveniência perto de casa comprar comida. Quando voltei, percebi que Richard e Nathalie estavam na sala assistindo TV. Provavelmente, a venezuelana ainda não tinha chegado. Fui para o quarto continuar resolvendo meus exercícios de gramática. Pouco antes do jantar, escutei um barulho de campainha. Da minha janela, vi que a nova hóspede acabava de chegar.

O jantar era o início de todo o processo para receber um aluno estrangeiro. Já conhecia bem as regras e as seguia como uma veterana.

— Muito prazer, Macarena.

— Muito prazer, Júlia — disse Macarena pronunciando o *J* como *R*.

— Temos um problema. Ela fala pouco inglês e precisamos que nos ajude com o espanhol — pediu Nathalie.

— Falo pouco espanhol, mas posso tentar ajudar — respondi.

— Eu *precisar* somente às vezes. Eu me *esforçar* muito — disse Macarena em inglês com muita dificuldade.

— Bem, Macarena, tenho certeza de que em poucos dias você estará mais segura — falei.

O jantar foi tranquilo, mas Macarena estava visivelmente cansada. Escutei Nathalie explicar as regras da casa, as mesmas que explicou para mim e Sakiko. Combinei de levá-la à escola no dia seguinte.

***

A caminho da escola, percebi que Macarena aprendia tudo muito rápido e era boa observadora, pois fazia perguntas pontuais, e sabia usar os mapas com facilidade, apesar da dificuldade de comunicação em inglês.

Ao chegarmos à entrada da escola, passei algumas informações adicionais.

— Macarena, você vai fazer um exame para saber seu nível de inglês. Pela tarde sairá o resultado. Então saberá qual é sua turma — falava bem devagar para ela entender.

— Você *voltar comigo casa*? — perguntou.

— A sua aula acaba mais cedo que a minha. Preciso que você espere um pouco, podemos nos encontrar às 5h aqui onde estamos.

— Eu *esperar* Júlia na entrada.

— Combinado.

Na escola, foi um dia normal como qualquer outro. No intervalo, encontrei-me casualmente com o grupo de língua portuguesa. Sérgio tinha feito alguns desenhos no rosto com algum tipo de lápis preto.

— Júlia, vem aqui — disse Letícia, com um dos pés em uma bota imobilizadora.

— Letícia, o que aconteceu com seu pé? — perguntei.

— Caí feio descendo as escadas do metrô. *Tô* só no analgésico.

— Você hoje parece realmente um gótico — falei para Sérgio.

— Hoje ele está fantasiado de urubu — comentou Kelly.

— Sou artista. Por isso, muitas vezes sou incompreendido.

— Meninas e artistas, estou voltando para minha sala de aula.

— Espera, Júlia! No sábado, eu e a Letícia vamos voltar para o Brasil. A despedida é na sexta-feira no Bad Bobs.

— As duas vão embora? Por que não ficam mais tempo? — perguntei.

— Não é possível, estou sentindo muitas dores no pé. Kelly vai me acompanhar até São Paulo.

— Vou ficar na casa dela por uns dias. Depois sigo para Maringá — acrescentou Kelly.

— Vou fazer esforço para estar com vocês na sexta-feira. Depois vejo os horários com o Sérgio — despedi-me.

Na hora da saída, havia muitas pessoas na entrada da escola. Macarena estava na porta de entrada sozinha.

— Oi, Macarena, gostou da escola?

— Sim, *eu gostar escola*.

— Qual é seu nível?

— Iniciante.

— Que legal, é só não faltar às aulas que vai evoluir rápido.

Enquanto conversávamos, alguém, de repente, tapou meus olhos com as mãos.

— Adivinha quem é? — disse imitando o sotaque brasileiro, mas reconheci do mesmo jeito.

Era Sérgio. Queria passar as informações sobre a despedida das meninas.

— Esta é Macarena. Chegou ontem da Venezuela. Macarena, este é meu amigo Sérgio — já falando em inglês.

Macarena teve uma crise de riso.

— Muito prazer — respondeu Macarena, dando gargalhadas.

Sérgio reagiu falando em português comigo.

— Por que ela está rindo? Essa mulher acha que sou um palhaço? Vim aqui perguntar sobre a despedida das meninas.

— Eu não posso ir...

— Mentira. Você não quer ir.

— Isso mesmo, quero fazer outras coisas.

Ao chegar em casa, ainda era cedo. Ajudei Macarena com a lição de casa e na tradução na hora do jantar, quando contou que trabalhava na indústria petroquímica, era casada, e seu país estava entrando em uma grande crise. Porém, resolveu ser engraçada.

Ser engraçado em outro idioma, realmente, não é coisa para iniciantes.

— Nathalie, Richard, Júlia *ter amigo*... — disse Macarena.

Macarena começou a rir e a fazer gestos com a mão, dando a entender que Sérgio era *feminino*.

Fiquei triste. Tive a impressão de que nossa convivência seria difícil se incidentes como esse se repetissem. Mas eu podia estar errada. Se estivesse certa, teria que encontrar uma maneira de suportá-la por três meses. E isso era muito tempo para mim. Cerca de 10 minutos após ter saído da sala de jantar, escutei Nathalie gritando meu nome. Era a primeira vez que isso acontecia. Ela nunca me chamava gritando.

— Nathalie, fiz alguma coisa errada? — gritei do alto da escada.

— Não, desça aqui.

Fomos para a sala de jantar. Não havia ninguém, somente nós duas.

— Quero fazer um pedido.

— Pode pedir.

— Não brigue com Macarena. Sei que ela irritou você.

— Não tinha o direito de fazer piada comigo.

— Ela está aqui porque foi recomendada pelo diretor da escola. Fomos informados de que falava pouco inglês. Eu nunca aceito iniciantes porque o Richard odeia. Não posso fazer isso com a escola, neste momento nós estamos precisamos desse dinheiro.

— Tudo bem. Não vou brigar com ela.

— Muito obrigada, Júlia.

Aquela pequena conversa foi muito importante. Nathalie jamais contaria algo tão íntimo se não confiasse em mim. Sempre pensei que os Petters não tinham problemas financeiros. Achava que os estudantes faziam companhia para eles. Talvez estivessem passando por problemas, e eu não queria piorar a situação.

***

A presença de Macarena acabaria por mudar minha rotina. Deixei de participar dos jantares. Era muito chato o assunto, além do ritmo das conversas. Sentia-me irritada tentando traduzir o que ela dizia, porque o esforço me deixava com dor de cabeça, não conseguia estudar depois de tanto cansaço.

Em sua primeira noite de sexta-feira, perguntou onde ficava a igreja, porque tinha o hábito de ir à missa todos os domingos. Eu realmente não entendia o que uma pessoa com grandes limitações na língua inglesa iria fazer em uma missa. Não entenderia nada.

— Não sabemos. Aqui em casa não seguimos nenhuma religião — disse Richard.

— Mr. Petters *ser ateu*?

— Aqui temos uma filosofia de vida que é não seguir nenhuma religião, porque é isso que desune o mundo. E não somos ateus — interveio Nathalie.

— E Júlia? — perguntou Macarena.

Eu estava cansada da conversa e pensei *para de encher o saco*. Mas tentei ser educada. Nathalie havia pedido para eu não brigar com ela. Por isso, decidi sair da mesa.

— Amigos, preciso ir estudar. Boa noite para todos.

O mês de maio estava começando. A vida é assim. Quando tudo está em harmonia e você se acostuma com a situação, é bom se preparar. Alguma coisa vai te desestabilizar. E acredite, tudo pode ficar pior.

***

Sábado, quando acordei, eram 9 horas. Desci as escadas. Tomei café. Achei estranho o silêncio da casa. Pensei que estava sozinha e fui para o quarto estudar. Depois de três horas, alguém bateu à minha porta. Era Nathalie.

— Desculpe incomodar seus estudos — disse Nathalie com muita educação.

— Você nunca incomoda. E já terminei por hoje.

— Vim avisar que não vou poder fazer o jantar. O Richard foi internado esta manhã. Acabo de chegar do hospital.

— Internado? Nem escutei barulho algum. O que ele tem?

— Saímos muito cedo. Ele não dormiu a noite inteira. Tem um problema no pulmão e teve uma recaída.

— Recaída? O que ele tem? Precisa de mim?

— Depois converso com você. Vou tomar um banho e voltar para o hospital. O irmão do Richard está fazendo companhia para ele.

Não sabia nada de outros familiares dos Petters. Somente de um filho que morava com a mulher na Nova Zelândia.

— Você quer que eu avise a Macarena?

— Ela já sabe. Estava acordada quando saímos às 6h da manhã. Disse que passaria o dia em *Windsor*.

— Me perdoe por não ter ajudado.

— Você não poderia ter feito nada.

— Desejo melhoras. Mande um abraço bem grande para ele.

— Darei esse abraço.

Arrumei a mochila e fui para Southbank em homenagem ao Richard. Caminhando por lá, encontrei um lugar meio alternativo, cheio de restaurantes. O nome era Gabriel's Wharf. Escolhi um restaurante que estava mais próximo do Tâmisa e pedi um espaguete. Estava tão triste que não consegui comer.

Capítulo 6
Pare de criticar os outros

Depois do almoço, caminhei em direção ao *Royal Festival Hall*. Chegando lá, verifiquei que não havia muitas opções na programação daquele dia. Somente um concerto de Bach às 18h. Eu procurava algo como um espetáculo de balé, mas era melhor do que ficar em casa deprimida. Enfrentei uma imensa fila. Consegui comprar um dos últimos ingressos. Desconectei-me do mundo, acalmei-me e desejei com todo meu amor e gratidão que a casa dos Petters voltasse a ter alegria e saúde.

No intervalo, continuei sentada na minha poltrona. O homem na fileira de trás puxou assunto.

— Com licença, você é estudante de música?

— Olá! Não.

— Pensei que fosse da música. Para vir sozinha aqui na sua idade, tem que gostar muito de música.

Fiquei desconfiada. Era um senhor de meia idade. Usava óculos com armação preta grossa com lentes *fundo-de-garrafa*, vestido de preto. Era melhor não dar confiança.

— Sou professor de teatro. Adoro este lugar. A acústica daqui é boa. O que você faz?

— Estudo inglês.

— Tome! Pegue meu cartão. Estamos exibindo um filme premiado nos Estados Unidos. É muito especial. Você é bem-vinda.

O cartão continha o nome, endereço e telefone dele. Mas não dei importância, meti no bolso. Estava usando o casaco que Sakiko me presenteou. Tinha se tornado meu uniforme. O clima estava mudando e teria que guardá-lo em breve.

Quando começou a segunda parte do concerto, o teatro ficou novamente em silêncio total. Estava decidida a sair voando no final do concerto, para não ter que falar com o homem. Mas, para minha surpresa, quando olhei para trás, ele já tinha saído. Foi um alívio, poderia ser um *serial killer* ou coisa pior, pensei.

***

Não queria voltar para casa. Comprei um sanduíche e escolhi o ônibus com percurso mais demorado. Enquanto comia, olhava aquela linda cidade e pensava como minha vida estava diferente. Além de aprender inglês, várias experiências estavam acontecendo. O tempo parecia estar acelerado.

No dia seguinte, acordei cedo e fui correndo para a sala. Infelizmente, a casa estava vazia. O sofá de Richard, abandonado. Tomei meu *breakfast*[50] e fui para o quarto estudar até ser interrompida por um telefonema de Sérgio.

— Júlia, larga agora esses livros! Vamos passear.

— Oi, maluquinho! Estou apenas começando a estudar. Quer fazer o quê?

— Comer e ir ao teatro. Quero assistir *Fame*.

— Ah, não, essas peças são medonhas.

— E você, quer ver o quê? Puccini no Royal Opera House?

— Seria uma boa, faria muito bem para minha formação.

— Júlia, você tem 18 anos. Tem que ver *A Bela e a Fera, O Rei Leão*. Ou vai ter que encontrar um velho da idade do meu pai para sair com você.

Lembrei do *coroa* da noite anterior e fiquei apavorada com a previsão de Sérgio.

---

[50] Café da manhã.

— Pensando bem, você tem razão, vamos assistir *Fame*. Onde nos encontraremos?

Não contei sobre os problemas dos Petters. Seria melhor fingir que tudo estava bem comigo. O almoço foi bastante agradável. Sérgio estava revoltado com a família que o recebia, porque o garotinho, filho da dona da casa, mexia nas coisas dele. Reclamou que seus equipamentos de desenho estavam em grande parte destruídos. Outros haviam sido levados do seu quarto, sem sua permissão. Além de insatisfeito com eles, estava infeliz, porque sua falta de compromisso com os estudos dificilmente permitiria que fosse aprovado em uma universidade em Londres.

— Sérgio, se você realmente quer estudar moda aqui, tem que fazer como Grace. Deve estudar em outro tipo de escola.

— Preciso de alguém que me oriente, mas não a Grace. Você poderia me acompanhar até a Central Saint Martin School na segunda-feira?

— Amanhã tenho aula. Posso sair com você pela tarde às 13h?

— Está bem.

— Tá bom.

— Agora, *vamos às compras*!

Quando Sérgio disse *agora vamos às compras*, comecei a entender o que isso significava. Entrava nas lojas mais caras, provava tudo e não comprava nada. Ficou no mínimo duas horas nas lojas de perfumes e cosméticos. Tinha um gosto refinado, enganava direitinho as atendentes.

— Você nunca compra nada — falei saindo de uma loja.

— O quê? Do que você está falando? — disse, assustado.

— Acho chato desarrumar tudo e não comprar nada.

— Júlia! Isso faz parte dos meus estudos. Não comprei nada porque não quis. Sou um pesquisador do *luxo*.

— Pesquisador do *luxo*? Nunca tinha escutado isso. A que horas é o teatro?

— Vamos andando. Já está quase na hora.

Parou de repente, me puxou pelos braços e olhou nos meus olhos.

— Você é *estraga prazeres*! Não sabe se divertir?

— Desculpa, não quis te magoar.

— Você vive me magoando. Não gosto de muitos dos seus comentários. Eu adoro entrar nessas lojas. Amo ser mimado pelas vendedoras. É algo que me encanta em Londres. E pare de criticar os outros, você não é perfeita.

Me senti pequena, constrangida. Que feio. Eu era a pior pessoa do mundo.

***

Caminhamos em silêncio até o teatro. Não tinha ideia do que se tratava a peça. Sabia que era famosa porque era exibida em um dos teatros mais populares de West End[51]. Havia uma grande fila. Tive dúvidas se conseguiríamos entradas. Os ingressos mais baratos tinham todos sido vendidos e nos restou comprar lugares bem próximos do palco. Sérgio estava alegre novamente. Eu não tinha grandes expectativas.

Já no primeiro ato, senti certa empatia com o tema. *Fame* era um musical parecido com o que estávamos vivendo: jovens sonhadores repletos de conflitos. Também, percebi que os lábios de Sérgio estavam sincronizados com as falas da peça. Parecia um ventrículo. Perguntei baixinho em seu ouvido se já havia estado ali.

— Sérgio, você sabe todas as falas do musical. Já tinha visto a peça antes?

— Já. A Letícia e a Kelly me convidaram um dia para assistir. Amei, comprei o CD, até me ajudou a aprender inglês. Escuto todos os dias no caminho da escola e de volta para casa.

Ele tinha uma maneira diferente de estudar inglês.

A alegria do meu amigo foi contagiante. Queria fazer o mesmo que ele, mas não conhecia as músicas. Porém, perto do final do segundo ato, aconteceu a grande apoteose: tocou a música principal da peça. O público cantava freneticamente. Um desejo incontrolável tomou conta do meu corpo. Finalmente, eu conhecia a letra da canção. E quando uma onda gigante de emoção tomou conta dos espectadores, fiz igual a todos. Levantei-me para dançar e gritei junto o refrão: *I'm gonna live forever, I'm gonna learn how to fly*[52].

Depois da peça, despedimo-nos e voltei feliz para casa. Sérgio era especial, talvez fosse mesmo um artista.

Quando cheguei em casa, tive uma grande surpresa: Richard estava na sala de estar, sentado na poltrona. Ao seu lado estava Nathalie.

— Boa noite — disse Richard com um grande sorriso.

---

[51] Região turística de Londres, com muitos teatros onde apresentam peças no estilo da Broadway.
[52] Vou viver eternamente, vou aprender a voar.

— Senti muito sua falta — falei. E fui correndo abraçá-lo.

Richard ficou feliz ao me ver. Mas, assim como Nathalie, não estava acostumado com manifestações de afeto. Sempre ficavam desajeitados quando eram beijados ou abraçados.

— Se quiser comer algo, pode se servir. Macarena jantou conosco — disse Nathalie.

— Aceito um pouco de pão e leite. Richard, estou feliz por estar bem.

— Sirva-se à vontade. Obrigada pelo carinho — disse Nathalie.

— Obrigada, Júlia — disse Richard, feliz.

Era bom vê-lo em casa. Gostava muito dele. Havia uma química entre nós. Estava sempre sorrindo, apesar de todas as dificuldades que enfrentava tanto pela idade como pela saúde frágil. Eu era tratada por ele com muito carinho. Era meu vovozinho britânico.

No meu quarto, fiquei pensando nas palavras de Sérgio. Se na vida existisse um manual de sobrevivência, provavelmente deveria informar: *pare de criticar os outros.*

***

O domingo sempre terminava com um telefonema para o Brasil. Fiz todo o relatório semanal. Contei tudo o que tinha acontecido, inclusive que, no dia seguinte, iria visitar uma escola de moda. Meu pai disse para não me empolgar, porque moda era coisa de gente fútil, e não dava dinheiro. Novamente, me arrependi de ser sincera.

Acordei entusiasmada. Na escola tudo ia tranquilamente bem. Saí com Sérgio e fomos a pé até a Central Saint Martin School. Era um prédio muito bonito e antigo. Havia opções de cursos na área da moda e a atendente explicou que para fazer a graduação a pessoa deveria se candidatar a uma vaga, sendo obrigatório passar no Ielts[53] e ter um portfólio. Tudo o que já sabíamos. As aulas começariam em setembro. Sérgio entrou em desespero.

— Júlia, é meu sonho estudar aqui, mas meu inglês é fraco para o exame.

— Você é muito inteligente. Se estudar, vai passar.

***

Fazer intercâmbio tem seu lado difícil. Você se cansa do *entra-e-sai* dos alunos, especialmente de ter que se apresentar toda semana fingindo ser a sua primeira vez. Somente Sasha e eu permanecíamos. Poucos alunos ficam

---

[53] International English Language Testing System (Ielts) é um teste padronizado de proficiência em inglês.

mais de seis meses. Eu já tinha um texto decorado na cabeça, contendo: meu nome, descrição da minha cidade, além de opinião sobre samba, feijoada e carnaval. Para encurtar a conversa, eu sempre dizia odiar futebol.

    Na casa dos Petters, tudo voltava à normalidade, porém passei a acordar mais cedo para ir à escola sozinha. Na hora da saída, me escondia da venezuelana. Ligava para Nathalie para avisar que sairia com amigos e não estaria presente no jantar. Em algumas ocasiões, pegava um ônibus em direção a qualquer lugar, passava horas fazendo isso. Quando chegava ao final da linha, descia e pegava outro para voltar. Como os dias estavam ficando mais longos, nos fins de semana acordava cedo, pegava alguns livros e saía em direção ao parque Hampsted Heath.

    O mês de maio foi praticamente o meu mês de Hampsted Heath, que virou minha segunda casa. Gostava de caminhar até a Kenwood House. Era lá que eu tomava café e almoçava nos fins de semana. Já na escola, senti falta do Sérgio. Ele tinha sumido. Tentei ligar para ele várias vezes, mas o celular parecia estar desativado. Sasha continuava a ser uma boa amiga. Tentava me convencer a viajar para Madri. Tinha terminado o namoro com Santiago. Eu não queria, mas Maria me telefonou e acabei cedendo. Eu pagaria somente a passagem. Combinamos tudo para o mês de junho. Percebi que meus pais confiavam muito em minhas decisões, mas queriam que eu ficasse em um hotel.

— Mãe, a Maria é legal, tem quase a sua idade. E não vou estar sozinha. Vou com a Sasha.

— Continuo achando que deve ficar em um hotel — disse minha mãe.

    Pelo menos eu já tinha o apoio para viajar, não precisaria fazer nada escondido.

    Foi também nesse período que comecei a pensar que era desnecessário estudar inglês tanto tempo, pois a cidade tinha outros cursos interessantes para fazer dentro das universidades e dos museus: desenho, fotografia, história da arte e teatro. Tinha que encontrar algo fora da escola que enriquecesse minha experiência em estar numa cidade multicultural e cosmopolita.

    Na casa dos Petters, eu era tratada com muito carinho. Tinha a impressão de que Macarena me odiava em silêncio. Não falava comigo. Somente na frente do casal. Tinha em sua expressão facial um hábito horroroso. Levantava o canto da boca para a esquerda sempre que falava. Essa atitude me fez lembrar o que acontece quando comemos algo cítrico. Por isso a batizei, secretamente, de *Lemon Face*[54].

***

Foi no último fim de semana de maio que Nathalie e Richard pediram para eu estar presente no jantar. Era um dia especial. Anunciaram que iriam comemorar 45 anos de casados. Compraram um cruzeiro para viajar em julho. Precisavam avisar porque contariam com nossa independência para fazer as refeições. Estavam sonhando com esse momento. Passaram o jantar inteiro descrevendo como eram os cruzeiros britânicos. Sabiam o nome de vários navios. Foi nesse dia que soube que já tinham visitado Belém e Manaus. Nathalie disse que em ambas as cidades os ribeirinhos pediam comida e dinheiro para as pessoas do navio. Isso marcou sua memória, além da beleza natural do lugar. *Lemon Face* não parava de falar, era visível o progresso que tinha feito, porém, continuava grosseira.

— Fiz uma pesquisa sobre viagens e descobri que os cruzeiros são muito baratos na Inglaterra. Assim é fácil conhecer o mundo. Quantos dias vai durar a viagem? — disse *Lemon Face*.

— Só uma semana — respondeu Nathalie.

— Vocês acham que a escola pode devolver o dinheiro das refeições? — perguntou *Lemon Face*.

Foi constrangedor. Ela não tinha noção do absurdo que disse. Custava muito passar uma semana preparando seu próprio café da manhã e jantar?

— Não se preocupem. Estará tudo pronto na geladeira. O jantar de vocês ficará congelado, basta usar o micro-ondas — respondeu Nathalie.

***

Foi muito constrangedor escutar *Lemon Face* falar do pagamento das refeições, mas eu queria ouvir Nathalie dizer *se quiser pode mudar desta casa amanhã mesmo*, mas os ingleses são muito educados. Macarena merecia viver com *Ms. Marshall*.

O jantar tinha sido em um sábado. No domingo, acordei com o telefone tocando às 10h da manhã. Estava praticamente sonâmbula quando atendi.

— Alô, Júlia, é o Sérgio. Acabo de chegar de Lisboa.

— *Cara*, ainda *tô* dormindo, me liga depois. Bom saber que você está vivo.

---

[54] Cara azeda.

Desliguei o telefone, mas ele ligou novamente.

— Júlia, acorda! Deixa de ser dorminhoca, vamos sair.

— Você estava mesmo em Lisboa?

— Estava. Preciso conversar com você.

Fui despertando, o sol já estava entrando muito forte pela janela. Era melhor acordar.

— Você vai vestido com roupa de Halloween? Se for, eu não vou.

— Halloween? Querida, sou o futuro John Galliano. Tenho que andar como uma estrela.

— Não acho legal. Não vou.

— Júlia, sou artista. Vim para Londres para ser livre, e você deveria fazer o mesmo. Você precisa *descomplexar*. Com que roupa você vai?

— Não sei ainda. Por quê?

— Se vier de pijama, eu não me importo. Só quero ver você.

— Tudo bem. Onde te encontro?

— No museu de design ao longo do Tâmisa. Anota aí.

Anotei tudo direitinho, troquei de roupa e fui voando para o museu. Não foi difícil chegar lá. Ficava na frente do Tâmisa, como ele tinha dito. Era uma construção muito sem graça. Quando vi Sérgio, fiquei feliz. Estava bonito, vestido de jeans e camiseta. Assim que nos vimos, corremos para nos abraçar.

— Obrigada por me tirar da cama. Não sabia que tinha tanta saudade de você.

— Querida, *eu sou inesquecível!*

— Foi difícil acreditar que essa construção é um museu. Não quer ir para a Tate[55]?

— Não, Júlia, esse museu é fantástico. Abriga exposições especiais. Agora está com uma exposição do Manolo Blahnik.

— Aquele dos sapatos da série *Sex and the City*?

— Esse mesmo. Você gosta da série?

— Não sou grande fã. Prefiro *Gilmore Girls*.

---

[55] Galeria Tate, uma das mais famosas do mundo.

— Todas as mulheres adoram *Sex and the City*. Júlia, mudando de assunto, minha vida está *crazy*[56]. Meu pai vai bancar meus estudos na moda. Fizemos um acordo.

— Acordo?

— É, depois eu explico. Esta semana já começo em uma nova escola. E estou morando sozinho.

— Nossa! Quantas novidades!

Sérgio explicava tudo. Realmente, o garoto era apaixonado pelo assunto. É inspirador ver alguém falar com tanta paixão sobre algo, até quando o assunto é somente sapatos. Caminhamos por toda a exposição. Não era preciso ser da área para ficar encantado. Foi um passeio bonito e memorável, com um acervo gigante, levamos um bom tempo para ver tudo.

— Sérgio, estou com fome.

— Você realmente quer ir para a Tate? Podemos tomar um café lá e comer. A paisagem é linda.

— Quero.

— Então vamos a pé.

***

No caminho, Sérgio me disse que o mais difícil de viver em Londres era superar a solidão. Não gostava de estar sozinho. Alguns anos antes, tinha tentado o suicídio e sentia medo de que esse impulso voltasse. Fiquei surpresa. Jamais imaginaria que alguém tão alegre e jovem pudesse pensar em se matar. Apesar do meu desconhecimento do assunto, achava que ele não tinha jeito de suicida.

— Sérgio, como você vai fazer faculdade aqui, se não quer estar sozinho? Isso faz parte do processo.

— Eu sei. Como você consegue ficar sozinha?

— Nunca me sinto sozinha. Estou em Londres. No Brasil, minha vida é muito diferente. Vou para a escola e volto para casa. Às vezes, vou ao shopping com meus amigos e, nos fins de semana, vou ao clube. Aqui temos inúmeras opções.

— Pensando assim, acho que temos muita sorte — refletiu Sérgio.

— Quantas pessoas gostariam de estar em nosso lugar? — perguntei.

---

[56] Uma loucura.

— Milhares. Preciso aprender a gostar de minha própria companhia.

— A vida é tão generosa conosco — falei.

Quando chegamos à Tate, Sérgio quis ir direto para o café. Era um lugar reservado para associados. Ele tinha uma carteirinha. Na verdade, pertencia ao pai dele e podia usar porque tinham o mesmo nome. Compramos lanches e conversamos, vendo a linda paisagem do Tâmisa. Era um dia fantástico como muitos outros que vivenciei.

— Vou viajar para Madri.

— Quando?

— Em duas semanas. Você conhece Madri?

— Conheço. É linda. Para nós, portugueses, as viagens para a Espanha são muito comuns. Eu nem sei quantas vezes estive lá. Você precisa visitar os museus do Prado e o Rainha Sofia. Ver as obras ao vivo é sempre incrível.

Sérgio tinha preferência por determinados assuntos, especialmente arte. Às vezes, era chato, porque falava como um velho professor.

— Que acordo você fez com seu pai? — perguntei, mudando de assunto.

— Se não passar nos exames para a universidade em Londres, voltarei para Portugal, deixarei de andar vestido de Halloween e trabalharei com ele. Também negociei não parar de tomar meus remédios.

— Você está lindo hoje.

— Estou com a roupa que cheguei do aeroporto. Amanhã volto a ser *gótico*. Meu pai não está aqui.

Era sempre uma surpresa estar com Sérgio. Parecia estar mais calmo depois de ter retornado de Lisboa.

***

Junho chegou trazendo um calor enorme. Os jornais diziam que seria o verão mais quente desde 1540. Idosos e crianças sofriam com a desidratação. Foram divulgadas mortes de pessoas pelo calor. Estava acostumada com o calor, mas não em Londres, pois as casas são projetadas para os períodos de frio, com um sistema eficiente de calefação, mas não têm ar-condicionado. Levantava de madrugada e molhava meu corpo no chuveiro com água fria.

Sasha e eu estávamos empolgadas com a viagem. Compramos juntas as passagens. Eu não sabia, mas estudantes com menos de 26 anos tinham descontos especiais em agências especializadas para viagens de jovens. Eram muitas promoções. Nossas passagens eram promocionais. Portanto, não poderíamos desmarcar a viagem. Passaríamos uma semana.

Estava feliz, pois ia conhecer um lugar novo. Sasha também estava radiante. Era dia 9 de junho. Lembro de que chegamos muito atrasadas ao aeroporto. Realmente, aquele momento seria inesquecível. Quando chegamos ao balcão da companhia aérea, entreguei meus documentos. Enquanto isso, Sasha começou a procurar algo, nunca imaginei o que estava acontecendo.

— Júlia, esqueci meus documentos. Não posso viajar.

— Sem documento, ninguém viaja — disse o atendente da empresa.

— E agora, vamos perder as passagens? — perguntei.

— Vai perder o avião — intrometeu-se novamente o atendente.

Pensei rápido e achei que Sasha tinha sido irresponsável. Achava-se muito adulta, mas tinha cometido um erro, e eu não ia pagar por isso.

— Desculpe Sasha, mas *eu* vou viajar.

Fui sozinha sem olhar para trás, com minha mochilinha nas costas. Senti um pouco de frio na barriga, mas achei que se Sasha estivesse no meu lugar teria feito o mesmo. Era mais nova do que eu. Tinha que continuar aprendendo. Se ela ficou, a culpa não era minha.

Capítulo 7
Sexo, drogas e rock & roll... Quase isso

O voo foi tranquilo. Quando o comissário informou que estávamos pousando no aeroporto de Barajas, comecei a rir. Era gostoso escutar um espanhol que vinha da garganta. É muito bom visitar um novo país, especialmente quando se aprende a não levar malas pesadas e não existe nada muito programado.

Foi o aeroporto mais incrível que já tinha visto. Maria prometeu que iria nos buscar, mas quando cheguei ao desembarque não vi ninguém, ou melhor, pensei não ter visto Maria.

— Júlia, seja bem-vinda! — uma voz disse atrás de mim.

Era ela, simplesmente irreconhecível. Tinha emagrecido bastante.

— Maria! Você está diferente!

— Bem-vinda. Onde está Sasha?

— Não veio. Chegou ao aeroporto sem documentos. Não a deixaram embarcar.

— Que triste, não esperava por isso. Venha comigo, vamos para o estacionamento.

Maria parecia uns 10 anos mais jovem. Como alguém poderia ter perdido tanto peso em pouco mais de um mês? Fiz os cálculos e contei seis semanas que não nos víamos.

— Você deve estar se perguntando o que fiz para emagrecer.

— Sinceramente, estou impressionada.

— Aquele encontro com Samuel foi *a gota d'água*. Decidi seguir seu conselho. Fiz lipoaspiração assim que voltei para Madri. Fui a um endocrinologista e estou seguindo uma dieta de 600 calorias por dia.

— Você está muito bem e, me desculpe, nunca disse para você fazer lipoaspiração.

— Eu sei. Quero dizer que estou cuidando de mim. Tenho feito muitos exercícios. Queria muito que Sasha me visse.

Maria, fisicamente, era outra pessoa. E dirigia seu bonito automóvel com ar de mulher independente. Porém, aquelas mudanças físicas não foram acompanhadas de uma nova mentalidade, como eu ia descobrir em breve.

Dentro do carro, eu observava a paisagem. Minha chegada a Madri foi harmoniosa. Uma bela estrada iluminada por um intenso sol alaranjado. Quando entramos de fato na cidade, fiquei maravilhada com os prédios, e, principalmente, com as fontes circulares.

— Júlia, eu trabalho muito. Preciso que você entenda que sou muito ocupada. Podemos sair somente depois das 7h da noite. Como é verão, ainda aproveitaremos a luz do dia. Por isso, era importante você estar com Sasha. Mas tudo bem, vai dar tudo certo.

— Não se preocupe, vou comprar um guia turístico e explorar a cidade.

— Muito bem. Mas para sexta-feira tenho uma surpresa. Não programe nada para o fim de semana. A que horas você viaja para Londres?

— Segunda-feira às 10h da manhã.

— Perfeito. Minha casa fica no bairro de Salamanca. Você vai poder fazer muitas coisas a pé ou pode usar o metrô.

— Muito obrigada, Maria.

***

Fiquei um pouco decepcionada ao saber que ficaria sozinha. Então, por que ela nos convidou? Não fazia sentido, mas eu já estava lá e ia aproveitar.

Na verdade, a casa dela era um apartamento que ficava no último andar de um prédio de seis andares. A decoração era muito antiga, com alguns objetos orientais. Maria vivia muito bem.

— Você sempre morou aqui?

— Faz uns 15 anos.

— Nossa, tudo isso?

— Não é muito tempo, acredite. Quando consegui vender a casa dos meus pais, comprei este apartamento. Tenho também uma casinha nos Pirineus.

— Onde fica isso?

— Na fronteira da França com a Espanha. Um dia levo você lá, mas tem que ser outra viagem. Agora vou te mostrar o apartamento. Meu quarto virou uma academia de ginástica.

O apartamento era grande. Parecia ter transferido a casa dos pais para lá. Enquanto caminhava, dizia: isso meu pai comprou na China, aquilo minha mãe trouxe do Taiti. Lembrava um pequeno museu. O quarto de Maria continha dois equipamentos modernos de ginástica, uma esteira e um *step*[57], que ficavam voltados para uma enorme televisão.

— O legal de ter esses equipamentos é que posso malhar a qualquer hora. Saio muito tarde do trabalho. Não tenho tempo para ir à academia. Às vezes, corro na esteira de pijama. Vamos ver seu quarto.

O quarto de hóspedes tinha muita luz natural, duas camas de solteiro, com aroma de alfazema.

— Muito obrigada, Maria. Seu apartamento é lindo.

Ela me convidou para jantar. Estava curiosa para experimentar comida espanhola, mas ela me levou a um lindo restaurante tailandês perto de casa, e conversamos muito durante o jantar. A empresa em que ela trabalhava desenvolvia alta tecnologia na área de iluminação. O foco eram as energias renováveis. Não entendi quase nada da explicação de como as coisas funcionavam, mas estava claro que ela tinha um cargo importante. Quando comecei a sentir sono, Maria revelou algo que nunca iria imaginar.

---

[57] Step é um exercício aeróbico praticado com o uso de uma pequena plataforma chamada step. A altura da plataforma pode ser ajustada.

— Júlia, quer saber qual é minha surpresa?

— Qual é? — perguntei, cansada.

— Vamos viajar sexta-feira pela manhã. Preciso que esteja pronta às 6h.

— Viajar? Para onde?

— Para Ibiza.

— Ibiza? Aquela cidade das festas?

— Isso mesmo.

— Não sei se posso. Tenho que falar com meus pais.

— Vou te dar de presente a viagem. O plano era eu, você e Sasha. Mas agora seremos só nós duas.

— Não posso aceitar. Como você fez algo assim, sem me consultar?

— Não diga que não gostou.

— Nem sei dizer, mas tenho certeza de que meus pais não vão gostar disso. Vão descobrir. Preciso usar o cartão de crédito.

— Prometo que você não vai usar um centavo do cartão de crédito dos seus pais.

— Vou pensar.

— Já está decidido. Agora vamos para casa que tenho que acordar cedo.

O edifício de Maria, apesar de ser bastante antigo, contava com moderno sistema de segurança desde a porta principal, além de câmeras de vigilância. Em seu apartamento, luzes, cortinas, ar-condicionado e os aparelhos de TV eram todos programados para ligar e desligar automaticamente. Foi muito cansativo, fingi que entendia como tudo funcionava.

***

Quando acordei, Maria estava apressada, tomando café da manhã na cozinha.

— Aqui está o código da porta lá de baixo. Esse celular é para você. Compra um cartãozinho para ele. O meu número é este aqui — falava como uma *madre superiora* dando ordens na escola.

— Obrigada.

— Entendeu como liga a televisão?

— Não se preocupe, não vou assistir televisão. Vou passear.

Algo dentro de mim desconfiava de que eu tinha errado na opção de me hospedar na casa dela. Preferi não ficar pensando muito e encarei o acaso da situação. Talvez estivesse me preocupando com bobagem.

Assim que coloquei os pés na rua, comecei a caminhar sem destino. Felizmente, encontrei uma livraria e comprei um guia da cidade. Peguei o metrô e desci na estação Puerta del Sol e, de lá, caminhei até a *Plaza Mayor*. Apesar do calor insuportável, a cidade era linda e estava repleta de turistas. Havia uma atmosfera de diversão coletiva. Pela tarde, visitei o Museu do Prado para ver *Las ninãs*[58].

Voltei para casa por volta das 18h porque imaginei que sairia para jantar com Maria. Esperei muito. Quando ela chegou, já eram quase 10h da noite.

— Maria, você demorou, vamos jantar?

— Júlia, estou de dieta, pode ir jantar onde quiser. Ainda tenho que correr uma hora na esteira. Comprou o cartão para o telefone?

— Não comprei o cartão. Não acho importante. Onde posso comer?

— Você pode ir ao restaurante de ontem. Ainda está aberto. Preciso que você compre o cartão, para eu me comunicar com você. As ligações para o celular de Londres são muito caras.

Desci do apartamento para o térreo. A noite estava linda. Fui até o restaurante tailandês, pedi minha refeição e jantei sozinha. Estava encantada com a cidade. Tive vontade de ligar para meus pais, mas era muito tarde no Brasil.

***

No dia seguinte, comprei um cartão para o telefone. Imediatamente, enviei o número para Maria. Depois liguei para meus pais, que ficaram felizes em ouvir minha voz. Queriam saber se eu estava bem, se tinha algum homem na casa de Maria. Respondi tudo o que queriam saber, menos que iria para Ibiza.

Visitei o Museu Reina Sofia, assim como o Museu do Prado. Um dia de visita não é o suficiente para apreciar as obras, por isso, fui com o único objetivo de conhecer as obras de Picasso. Foi surpreendente ver *Guernica*. Nos livros da minha escola, sempre aparecia em uma imagem pequena em preto-e-branco que cabia na palma da mão. O quadro era imenso e ocupava uma parede enorme.

---

[58] Obra do pintor espanhol Diego Velázquez.

Depois de sair do museu, recebi uma chamada de Maria.

— Júlia, hoje vamos para uma festinha. É aniversário do meu chefe. Você está convidada. Às 19h.

— Muito obrigada.

— *Calle* Castelló 18, Salamanca — informou Maria.

Continuei caminhando pela cidade. A energia de Madri lembrava um alegre dia de sábado sem compromisso. Os restaurantes e bares ficam abertos até tarde. Quando cheguei à rua Salamanca, pensei que estava com sorte, porque no caminho para o restaurante encontrei Sarah Jessica Parker andando com outras pessoas pelas ruas. Era jovem como uma garota, de shortinho e camiseta regata. Sérgio ficaria eufórico se estivesse em meu lugar.

Quando cheguei à porta do restaurante, vi que era um lugar sofisticado. Pensei em voltar ao apartamento e trocar de roupa. Mas, para minha infelicidade, Maria e seus amigos chegaram junto comigo.

— Júlia, este é meu chefe, Guillermo Garcia. Hoje é aniversário dele.

— Parabéns, senhor Garcia — falávamos em inglês.

— Esta é Victoria. Esse de barba é o Augusto — apresentou-me aos colegas de trabalho.

Entramos e nos sentamos em uma mesa reservada. O restaurante era pequeno e lá dentro fazia muito frio. Os pratos eram caros, mas verifiquei que se não bebesse não teria grandes problemas. Foi uma noite divertida. Pena que eu não conseguia entender as conversas em espanhol. A comida era boa, mas os pratos eram pequenos. Todos foram gentis comigo, mas não posso dizer o mesmo de Maria. Expliquei em inglês como nos conhecemos. Também falei um pouco sobre minha vida no Brasil.

— Júlia, conte algo que você viu em Madri para nós — disse o chefe de Maria.

— Vi Sarah Jessica Parker antes de chegar aqui.

— Quem é ela? — perguntou o chefe da Maria.

— Uma atriz de Hollywood— intrometeu-se Victoria.

Não deram atenção ao meu comentário e logo mudaram de assunto.

— Júlia, cuidado com a Maria, ela é muito mandona — disse Victoria.

— Você conheceu o namorado dela em Londres? — perguntou Augusto.

Fiquei muda. Não sabia o que dizer. Observei todo mundo transformar Maria em piada.

— Agora que você está ficando magra, com certeza vai aparecer um candidato — disse Augusto.

Maria dava gargalhadas, parecia estar acostumada com as gozações.

***

A voltarmos para o apartamento, fiquei deitada na cama gigante dela, enquanto a via correr. Estava passando um filme antigo na televisão, mas nem pude prestar atenção, porque Maria surpreendeu-me com outra notícia.

— Júlia, preciso contar a verdade sobre Ibiza.

— Já sei, é mentira a viagem. Vamos ficar aqui em Madri. Acertei?

— Não. Conheci um rapaz pela internet. Ele mora lá. Marquei um encontro para sexta-feira e não posso ir sozinha.

— De novo, Maria? Esse negócio de internet não presta, os *caras*, quando não são loucos, são anões, hermafroditas, ou algo assim.

— Você é engraçada, Júlia, mas tem razão. Porém, e se agora for diferente?

— E se agora ele for um gigante, e você bater na cintura dele?

— Não, ele não é gigante. E já falei com ele pela internet. Usei o MSN.

— Você conseguiu vê-lo?

— Sim, você deveria usar o computador para falar com sua família.

— Não tenho computador em Londres e, sendo assim, nem quero. Vão ficar me monitorando. Deve ser mais difícil mentir. E se você não gostar do *cara*?

— E se eu gostar? Acho melhor dormirmos. O que vai fazer amanhã?

— Acho que vou pegar um ônibus turístico e ficar rodando por aí.

— Que horrível, ônibus turístico nesse sol, Júlia? Se fizer isso, não fique na parte descoberta.

— O que posso fazer? Quer que eu dirija seu carrão?

— Posso passear depois das 18h. Você pode até dirigir, se quiser.

— Não sei dirigir.

Estávamos nos entendendo. Ela era realmente *mandona* e bem autoritária, como havia dito Victoria. Mas talvez não fosse má pessoa.

No dia seguinte, acordei muito cedo. Maria estava preparando a comida para levar para o trabalho. Eram dois potes de *Tupperware*: um cheio de folhas e outro com frutas.

— Você se alimenta como um camaleão — falei.

— Sou determinada.

— Já percebi.

— Ligo para você mais tarde para nos encontrarmos em algum lugar.

Quando saí de casa, eram aproximadamente 10h da manhã, mas já estava muito calor. Se há um lugar mais quente, no verão, que o norte do Brasil, esse lugar se chama Madri. Paguei um passeio no ônibus *double decker* e decidi percorrer todo o trajeto sentada no andar de cima. Estava gostando muito do passeio pela cidade. O problema ocorreu por volta das 15h, quando tentei me levantar, mas minhas pernas estavam fracas.

***

Com muito cuidado, saí do ônibus e chamei um táxi. Lembro que Maria telefonou no caminho. Expliquei que estava cansada e que iria para o apartamento. Tudo estava lento. Quando cheguei, bebi um litro de água e depois fui direto tomar um banho de água fria. Deitei-me na cama. Não era a primeira vez que eu sofria insolação.

Quando Maria chegou, eu estava dormindo. Ela me cutucou e disse, caindo na gargalhada:

— Júlia, você está um pimentão. Eu avisei sobre o ônibus. Você é teimosa.

Levantei-me correndo e vi no espelho do banheiro que minha cara e os ombros estavam assados. Doía muito. Resolvemos não sair. Era melhor descansar e ela queria arrumar as coisas para o dia seguinte. Eu já estava com tudo pronto. Nada melhor do que viajar com pouca roupa e uma mochilinha.

— Júlia, você já se deu conta de que amanhã é sexta-feira, 13?

— É mesmo! Que legal, isso significa sorte.

— Tem certeza?

— Absoluta.

Acordamos muito cedo. Estávamos alegres, chamamos um táxi e partimos para o aeroporto. Quando entramos no avião, vi muitos jovens a bordo.

— A vida adulta é encantadora. Não tenho saudade de ser menor de idade.

— Apenas lembre-se de não ser *Vivian Ward*.

Tive vontade de dizer que era um dos filmes mais idiotas do mundo, mas lembrei novamente de minha aula sobre estudos culturais, e resolvi ser mais sutil. De qualquer forma, ela estava me recebendo na casa dela.

— Olha, quem paga minhas contas são meus pais.

— Isso depois de certa idade é quase a mesma coisa — respondeu ela.

Não gostei da conversa, estava ficando irritada. Mas já era tarde, achei melhor dormir durante o voo e acordar somente quando o avião aterrizasse.

O aeroporto de Ibiza era pequeno, parecia coisa de interior. Maria explicou que havia dois lugares bons para a gente se hospedar. Em Sant Antoni e na capital da Ilha, Ibiza.

— Júlia, vamos ficar em Sant Antoni, porque fica mais próximo da casa do Sebastian.

— A que horas você vai se encontrar com ele?

— À noite, no Café Del Mar. Você vai comigo.

Já eram quase 11h da manhã quando entramos no táxi em direção ao hotel. O sol e a terra de Ibiza tinham uma tonalidade terracota. Estava quente como o inferno.

A recepção do hotel estava repleta de jovens. Falavam alto, brincavam. Do nosso quarto, com vista para o mar, pensei que estava mentindo para minha família. Mas qual seria a diferença de estar em Madri ou Ibiza? E qual seria o problema em aceitar o presente de Maria?

Decidi parar com meu sentimento de culpa e fui com ela comprar um biquíni. Sant Antoni era uma gracinha, com prédios baixos e restaurantes de onde saíam aromas de comida fresca.

Vestidas a caráter, tomamos um barco para Cala Bassa. Confesso que estava perdida. Não sabia nada da Ilha de Ibiza e fui deixando os fenômenos do dia me levarem. No barco, fizemos amizade com um grupo de meninas inglesas, que disseram estar celebrando a despedida de solteira de uma delas. Perguntaram se queríamos festejar à noite com elas, mas Maria recusou. Eu diria que sim para as garotas, mas quem estava comandando não era eu.

Na praia de *Cala Bassa*, tudo estava tranquilo. Olhei para o mar azul turquesa. As mulheres eram exageradamente magras, algumas faziam topless. Nadei no mar, a água era quente, e até vi peixinhos. Mesmo usando protetor solar, minha pele foi ficando mais vermelha. Não tinha uma sombra, ou lugar que vendesse comida. Era apenas uma pequena praia de areia.

Voltamos para Sant Antoni e fomos para a piscina do hotel, que estava borbulhando com música *tecno* e gente jovem. Mas Maria determinou que fôssemos para o quarto. Comecei a pensar que estava submetida às ordens dela, mas resolvi lhe dar mais uma chance.

INTERCÂMBIO: "MANUAL" DE SOBREVIVÊNCIA

— Júlia, precisamos nos arrumar para meu encontro com Sebastian. Que roupa você vai vestir?

— Um vestidinho branco e uma sapatilha. É o que tenho.

Arrumei-me e, quando vi, Maria estava vestida de branco e sapatilha.

— Pronto! Estamos parecidas agora.

Achei aquilo estranho. Ela parecia uma *mãe de santo* psicopata, pois era velha demais para fazer aquilo.

— Maria, como o Sebastian vai reconhecer você? Melhor você colocar outra roupa.

— Marcamos no bar. Qualquer coisa, ele pode ligar — respondeu, ignorando meu pedido.

Vestidas de gêmeas, fiquei contrariada. Fomos a pé do hotel para o local do encontro. Já eram mais de 18h. A temperatura estava agradável. No final de uma rua sem graça em meio a uma montanha de pedras, avistamos o Café Del Mar. Esperamos no bar, conforme haviam combinado. O *pretendente* chegou com mais de uma hora de atraso.

***

Achei Sebastian a cara do Gonzo do *Muppet Babies*. Mas ela disse em Madri que sabia como ele era. Então, pensei que tudo estava bem. Depois que se apresentaram, fomos para uma espécie de deck ver o pôr-do-sol.

— Desculpe o atraso. Estava trabalhando.

— Não se preocupe, eu entendo — disse Maria.

— E você, Júlia? Maria disse que teve que trazer você porque foi visitá-la em Madri sem avisar — falou Sebastian em inglês.

— Sim, ela foi sem avisar. Então, tive que trazê-la.

Que mentirosa, pensei. Ela tinha armado tudo. Na verdade, estava me usando.

— Pois é, como sou inconveniente — falei.

Além de controladora, Maria era *mentirosa*. Não tinha nada de presente na viagem. Queria apenas que eu fosse uma dama de companhia.

— Onde vamos dançar hoje à noite? — perguntei.

— Dançar? Vamos sair para jantar. Não gosto de casas noturnas — disse Maria.

— Eu também não curto esses lugares, isso é para turista — disse Sebastian.

— Mas nós somos turistas — falei.

— Você pode ir sozinha, Júlia. Tem ônibus que passam nos hotéis e levam os turistas para as boates — informou Sebastian.

— Nossa, que legal — falei.

— Você não vai, Júlia — disse Maria.

— Vou, sim, todo mundo fala que as festas aqui são maravilhosas.

— Maria, ela é jovem. Isso faz parte da idade dela — defendeu-me Sebastian.

— Tá bom, mas você janta conosco em Ibiza — disse Maria.

Entendi por que escolheram aquele lugar para o encontro. O pôr-do-sol no bar era um ritual acompanhado de aplausos e muita música. Foi romântico.

Sebastian nos levou em seu carro até Ibiza[59], um trajeto bastante rápido. Achei a cidade mais bonita que Sant Antoni. Repleta de prédios baixos e branquinhos. Comemos em um restaurante de frutos do mar. O peixe estava magnífico, e Maria pagou a conta. Depois, caminhamos pelas ruas tortuosas da cidade, quando, por volta das 22h, uma série de pessoas fantasiadas fazendo performances, de stripper misturado com circo, carregava placas com nomes: Extravaganza e outros.

— O que é isso, Sebastian? — perguntei.

— Estão fazendo propaganda das casas noturnas. Ainda está cedo.

— A que horas começa a festa?

— Às 2h da manhã.

— Mas tem ônibus nesse horário?

— Claro, a cidade vive disso.

Maria conversou a noite inteira em espanhol com Sebastian. Era difícil entender. Precisei me desligar deles para não ficar cansada. Se eu fosse boa em ler expressão corporal, diria que estavam felizes.

Chegamos ao hotel depois da meia-noite. Aproveitei para trocar de roupa. Vesti um jeans, com camisa e tênis.

— Tem certeza de que vai sair, Júlia?

---

[59] Ibiza tem uma capital de mesmo nome: Ibiza, mas em catalão se diz Eivissa.

— Tenho. O ônibus para aqui na frente do hotel.

— Tenha cuidado. Não aceite bebida de ninguém.

— Acho que vai *rolar casamento* nesse namoro com o Sebastian — falei.

— De jeito nenhum. Por que ficou pensando isso?

— Porque achei vocês felizes.

— Ele é divertido, mas... você não entenderia. É amizade, e nada mais que isso. Ele nos convidou para almoçar com ele amanhã. Vai ser em um lugar simples.

— Tudo bem. Já vou dançar.

— Está cedo, Júlia. E prepare o bolso, porque tudo é caro.

— Quanto custa uma entrada na boate?

— De 80 a 100 euros.

— Vou entrar em apenas uma. Quero ver como é. Já é quase uma da manhã. Tchau.

O ônibus estava lotado de jovens. O que ninguém tinha explicado era onde ficavam as casas noturnas. Pensei que fosse em uma rua, com todas pertinho umas das outras. Porém, estavam localizadas na estrada, entre Sant Antoni e Ibiza. O ônibus fazia várias paradas, porém, a estrada era deserta. Não se podia sair caminhado de uma boate para outra, porque estavam distantes. Fiquei com medo de descer. Em um momento, ganhei coragem e desci na Extravaganza. Para minha surpresa, ninguém desceu comigo. Tive que caminhar sozinha até a entrada da boate. O caminho era longo para ser feito sozinha. Tive muito medo.

***

Na casa noturna, não cobraram nada para entrar. Era um galpão gigantesco. Havia poucas pessoas, precisaria de muita gente para encher aquele espaço. Fui ao bar, comprei uma água a preço de ouro e observei bailarinas dançando no centro da boate como se fossem *strippers*. Fiquei triste. O lugar estava desanimado. O pior era imaginar como eu sairia de lá. Seria muito perigoso voltar para o ponto de ônibus sozinha. Já tinha chegado há uma hora quando um rapaz interessante e muito bronzeado se aproximou de mim e disse algo em espanhol.

— Desculpe, não falo espanhol — falei em inglês.

— Sem problemas. Estava dizendo que está chato aqui. De onde você é?

— Sou brasileira.

— Veio de muito longe. Está sozinha?

— Na verdade, moro em Londres. Estou com uma amiga, mas ela ficou no hotel.

— Mas e aqui na boate, você está com quem?

— Estou só, vim de ônibus.

— Você andou sozinha da parada do ônibus até aqui?

— Andei.

— Que coragem, aqui é perigoso. Melhor você pegar um táxi para voltar.

— Perigoso? Aqui na Europa pensei que fosse diferente.

— Ibiza tem muita gente descontrolada. Tem muita droga aqui. Meu nome é José, mas pode me chamar de Pepe.

— Meu nome é Júlia. Você mora aqui?

— Não, sou de Madri. Vim a trabalho. Desenvolvo programas de computação.

Pepe me deixou sozinha, fiquei muito preocupada com o que havia dito, pois coincidia com a impressão que tive. Depois de meia hora, ele voltou e eu estava sozinha no mesmo lugar.

— Júlia, quer ir comigo para outro lugar? Estou indo para uma boate chamada Pacha. Deve estar melhor que aqui.

Pensei que as coisas não podiam piorar. Aceitei, mas eu não sabia qual era o meio de transporte.

Era uma moto. Senti medo.

— Essa moto não é minha. Aluguei.

Alugada ou não, era linda. E, como já disse: "é fácil acostumar-se com as coisas boas". Em cinco minutos, eu já não queria nunca mais descer. Meu cabelo voava loucamente. Era um longo caminho. Provavelmente, se o Pepe não aparecesse, eu teria que ficar na escuridão esperando o ônibus. Era quase o mesmo, Ibiza não era um lugar para estar sozinha.

Na outra casa noturna, não pagamos nada para entrar. Pepe entrou como uma estrela. Tinha amigos lá dentro. O lugar era exatamente o que imaginava de Ibiza. Uma festa com muita alegria e sem censura. Passei a madrugada dançando com o *cara* da moto. Em algum momento da noite, nos beijamos.

Quando a boate estava ficando vazia e nascendo o dia, Pepe me convidou para sair de lá.

— Júlia, onde você está hospedada?

— Em Sant Antoni.

— Vou deixar você lá.

— Muito obrigada.

— Quer dar uma volta em Ibiza antes?

Eu tinha adorado sair de moto na madrugada. Deveria ser melhor com o nascer-do-sol.

— Aceito.

Fomos para Ibiza. A luz do dia transformou minha travessura em um momento mágico. Ao chegar, andamos de moto pela cidade e por suas ruas tortuosas. As luzes dos postes ainda estavam acesas. Depois, fomos para Sant Antoni. De repente, ele parou a moto no meio da estrada.

— Júlia, preciso que você desça e caminhe até passar por aquele posto de gasolina.

— Você está brincando comigo? Vai me deixar aqui na estrada?

— Não é isso. Tem uma blitz lá na frente e você está sem capacete. Pela minha experiência, sei que os policiais estão lá. Eu te pego depois do posto de gasolina.

— Mas o posto está longe.

— Confia em mim. Eles vão prender a moto se pegarem você sem capacete.

Desci da moto, apavorada. Caminhei como ele havia dito por um chão de terra vermelho, sozinha, e rezei para não ser uma pegadinha. Andei uns 300 metros com o coração saindo pela boca.

Não vi nenhum policial pelo caminho. Mas Pepe não tinha mentido. Estava me esperando depois do posto de gasolina.

— Tudo bem, Júlia?

— Tudo — respondi, morrendo de raiva.

— Hoje não tinha blitz. Que bom que você é calma.

Queria dizer *tudo mal, seu bastard*[60], *desgraçado*. Quase me matou de susto!

---

[60] Filho da mãe.

Quando chegamos ao hotel, ele me entregou o cartão de visita e perguntou quando nos veríamos novamente.

— Pode ser hoje, porque amanhã volto para a Inglaterra. Me liga, meu quarto é o 302.

Já estava sonolenta. Quando entrei no quarto, Maria já estava acordada.

— Você chegou na hora certa, vamos para a praia.

— Eu preciso dormir um pouco, estou acabada.

— Onde você foi?

— Na Pacha.

— E como é lá?

— Como assim, Maria? Estou morrendo de sono.

— Quero saber tudo o que você fez. Troque de roupa. Não vou sozinha para a praia. Trouxe você para me fazer companhia. Já te liberei para a boate.

Maldita Maria. Troquei de roupa e fui sonâmbula para a praia que ficava perto do hotel. Contei tudo o que tinha feito. Pensei que fosse me parabenizar pelo meu novo amigo, mas ficou histérica.

— Júlia, sua irresponsável, esse *cara* deve ser um traficante. Você disse para ele o número do nosso quarto?

— Não é traficante. Tenho até o cartão dele indicando onde trabalha.

— Quero ver esse cartão.

Ficamos duas horas na praia. Ela nem lembrava mais de Sebastian. Falava de Pepe e de como havia traficantes na Espanha. Depois da praia, voltamos para o hotel, porque ela queria ver o cartão de visita.

— Está escrito aqui: *José Pablo Escobar* — falei brincado.

Maria puxou o papel da minha mão, na verdade, estava escrito José Mendez.

— Isso é falso. Qualquer um pode ter esse tipo de cartão.

— Deixa de bobagem, Maria, nunca mais vou ver esse *cara*.

Depois das chatices de Maria, trocamos de roupa para ir almoçar com Sebastian. Ele escolheu um lugar fora do circuito de turismo. O restaurante era uma casa muito simples, à beira de uma estrada, que vendia comida típica da região. As pessoas não pareciam em nada com o que tínhamos visto em Sant Antoni e Ibiza. Alguns homens estavam vestidos com roupa de operários da construção.

***

O assunto na mesa era eu. Maria estava obsessiva com minha aventura. Sebastian dizia *deixa ela, é da idade*. Cansada, pedi que me deixassem no hotel. Maria não gostou da ideia, mas acabou cedendo, porque Sebastian me ajudou. Dormi por cerca de uma hora, quando fui acordada por um telefonema de Pepe. Estava na recepção me esperando.

— Queria muito ver você novamente. Aceita tomar um sorvete?

— Aceito — respondi alegre.

Fomos caminhando pela cidade. Ele segurou na minha mão e não fiz nenhuma resistência. O cenário estava perfeito. Mar, barulho de pássaros, sorvete, sol de verão e beijinhos.

Pepe me disse que viajava muito. Tinha ido várias vezes ao Brasil para instalar programas de computação em uma famosa rede hoteleira. Para minha surpresa, sabia falar um pouco de português. Não revelou a idade, mas com certeza tinha mais de 30 anos. Também contei um pouco sobre minha vida, e de como havia chegado a Ibiza. Foi um momento agradável. Depois, voltamos para o hotel. Pedi que ele esperasse na recepção. Ia verificar onde estava Maria.

No quarto, encontrei uma mulher *enfurecida*. Parecia uma louca, questionando onde eu estava. Nem meus pais se comportavam dessa maneira quando eu os aborrecia. Sua atitude não era materna. Parecia uma *bruxa maligna*.

— Maria, eu saí rapidamente com o Pepe. Foi superlegal.

— Paguei seu hotel e passagem — gritava ela, encolerizada.

— Muito obrigada, mas não estou entendendo seu nervosismo.

— Você está estragando a viagem, saindo com um traficante.

— Não é traficante. Está lá embaixo, você pode comprovar. Por que está pensando isso?

— Como alguém pode entrar numa casa noturna em Ibiza sem pagar?

— Não sei, não parei para pensar nisso. Ele pode ser amigo do dono.

— Você tem inveja de mim porque sou uma mulher de sucesso. O que você quer provar com seu namoradinho?

— Não quero provar nada. Tudo ocorreu sem querer. Inclusive, foi você quem quis estar aqui. Não pedi nada.

— Te recebi na minha casa. Você é uma ingrata.

— Eu vim aqui porque gosto de você, Maria.

— Gosta do dinheiro que tenho.

— O quê? Você é louca. Eu não sei o que deu em você.

— Como você é fingida. Saiu sozinha com um *cara* que nunca viu. Você é muito *fácil*.

O telefone tocou, e ela atendeu calmamente. Era Sebastian.

— Vamos, vista-se. Vamos para o Café Del Mar com o Sebastian.

Eu não acreditava que depois de me insultar, dava ordens para eu acompanhá-la.

Minhas mãos tremiam de tanto nervosismo. Agora entendia por que minha mãe não me deixava aceitar certos presentes. Pensei imediatamente em Sasha. Ela teve a sorte de ficar em Londres. Se eu tivesse sido solidária com ela, não estaria passando por isso. Peguei minhas coisas, coloquei na mochila e calcei os sapatos.

— Aonde vai com essa mochila? — perguntou.

— Vou embora, Maria. Fique com seu dinheiro.

— Não vai, não. Você veio comigo. Me passa seu passaporte.

E rapidamente avançou para cima de mim e queria tirar minha mochila. Brigamos. Nem sabia por onde começar. Jamais tinha enfrentado tamanha violência. Ela era mais forte do que eu. Mas, no meio da briga, bateu com a cabeça no canto do guarda-roupa e caiu no chão.

Fiquei apavorada, tive uma avalanche de pensamentos aterrorizantes. Primeiro, pensei que ela poderia estar morta. Segundo, eu poderia ser acusada de roubo. Terceiro, ser presa. Aquele país não era o meu. *Louca maldita*, pensei. Transformou minha viagem em pesadelo. Peguei meus pertences e desci para o lobby do hotel. Na recepção, estavam Pepe e Sebastian. Nem apresentei um para o outro.

— Júlia, onde está Maria? — perguntou Sebastian.

— Ela se machucou, mas já vai descer para sair com você. Vamos, Pepe.

E fui saindo do hotel, de mãos dadas com Pepe.

— Para onde vamos?

— Volto ainda hoje para Londres.

— Por quê, Júlia?

— Essa mulher é louca. Preciso sair daqui.

— Que pena. Queria conhecer mais você.

— Pode me levar para o aeroporto?

— Fica, Júlia.

— Posso pegar um táxi, se não for possível.

— Está muito nervosa.

— Você pode me levar para o aeroporto?

— Posso, sem problemas.

Minha cabeça estava a mil por hora. Não conseguia desfrutar da paisagem. Tudo estava dando errado. E se Maria estivesse morta? E se não tivesse vaga no avião? Eu não conseguia dimensionar a *merda* que tinha feito. Pensei que, mais uma vez, tinha abusado da sorte.

No aeroporto, me despedi sem drama de Pepe e fui direto para o balcão da Iberia. Para minha sorte, consegui um voo para Londres que sairia às 21h. Peguei o cartão da conta conjunta com meu pai e paguei a viagem.

Quando o avião decolou, rezei e agradeci a Deus por ter conseguido uma vaga pelo preço de um voo doméstico. Comecei a refletir sobre os acontecimentos e cheguei à conclusão de que Maria era uma mulher aparentemente madura, porém, problemática. Eu jamais deveria ter aceitado me hospedar na casa dela em Madri, muito menos viajar para Ibiza patrocinada por ela. Maria supria suas carências por intermédio do dinheiro. Para ela, todo mundo tinha um preço. Suas *gentilezas* eram cobradas a partir da obediência e submissão aos seus caprichos.

Quando cheguei a Londres, a primeira coisa que fiz foi ligar o celular. Saí com muita pressa da área do desembarque, verifiquei que não tinha nenhum recado e liguei imediatamente para o celular de Maria. Queria saber se ela estava viva.

— *Brasileña vagabunda* — assim, Maria atendeu o telefone, gritando.

Fiquei feliz ao escutar a voz dela. Ninguém nunca tinha me chamado de *vagabunda*. Aproveitei a oportunidade e respondi no mesmo nível:

— *Vai a merda, sua mal amada, fuck you, fuck you!* — e desliguei. Foi hilário.

Ser educado é muito importante, mas falar um palavrão de vez em quando pode ser libertador.

Em gargalhadas, peguei um táxi, pois já estava muito tarde para o transporte público. No caminho para a casa dos Petters, lembrei que meu pai sempre dizia que uma simples discussão poderia resultar em tragédia. Ele tinha razão. Resultado do passeio: perdi o bilhete Londres-Madri. Meu pai saberia de Ibiza; fui humilhada, e corri o risco de ser presa.

Capítulo 8
Outras maneiras de aprender inglês

Ao chegar à casa dos Petters, sentia-me segura novamente. Depois de tantas incertezas, uma enorme alegria brotou em meu coração. Todo o peso que carregava se dissipou naquele segundo. Já era muito tarde. Em meio à escuridão, subi as escadas com cuidado. Entrei no quarto, acendi a luz. Fazia calor, tirei toda a roupa. Percebi que meu corpo estava roxo na região das pernas. Maria tinha muita força e habilidade para lutar. Com certeza já havia brigado antes. Tinha tentado dar um soco no meu olho, mas não conseguiu. Ficaram de lembrança, na região dos braços, alguns arranhões quase imperceptíveis.

***

Pela manhã, acordei cedo, coloquei uma roupa que cobrisse minhas pernas e desci as escadas. Pelo som que vinha da sala de estar, já sabia que Richard estava no sofá assistindo televisão. Porém, com fome, fui direto para a cozinha. Nathalie levou um susto quando me viu.

— Júlia! Bom dia. Pensei que chegaria mais tarde.

— Bom dia, Nathalie. Confundi o horário do voo. Quase perco o avião, mas aqui estou.

— Você parece um pimentão.

— Eu sei, mas está tudo bem. Nem está mais ardendo como no primeiro dia.

— Sirva-se e vamos para a sala. Richard vai ficar feliz por ver você.

Era maravilhoso estar novamente naquele lar de pessoas adoráveis. Na sala, contei tudo o que era conveniente. Meus relatos eram a história de uma viagem perfeita para uma ensolarada Madri, ao lado de uma amiga madura e prestativa.

— Fico feliz por você se divertir com responsabilidade. Alguns adolescentes fazem loucuras distante dos pais — disse Richard.

— Você é uma menina muito centrada — acrescentou Nathalie.

— Muito obrigada. Agora vou subir, preciso ligar para o Brasil.

— Você fica para o jantar? É aniversario da Macarena.

Quando Nathalie disse o nome de Macarena, pensei que não estava com ânimo para praticar paciência. Seria melhor inventar uma desculpa e jantar fora, mas para os ingleses seria uma enorme falta de educação se eu falasse *não* naquela situação, pois era a maneira deles de pedir gentilmente minha presença.

— Que legal, bom saber. Estarei aqui no jantar. Agora vou telefonar — respondi.

***

Quando liguei para casa, minha mãe atendeu o telefone. Eu sabia que com ela não tinha negociação. Contei que gostei de Madri. Queria ter ficado mais tempo, mas algo inesperado aconteceu. Maria me presenteou com uma viagem de fim de semana para Ibiza.

— Júlia, você mentiu para nós — disse minha mãe.

— Não menti. Sexta-feira, Maria disse que passaríamos o fim de semana em um lugar perto de Madri, mas levou-me direto para o aeroporto. E quando chegamos lá, revelou que não queria ir sozinha, pois tinha um encontro com um rapaz que conheceu na internet.

— Então, ela forçou você a entrar no avião? É isso que você está dizendo? — minha mãe gritava do outro lado da linha. — Fala com seu pai.

Era tudo o que eu queria. Seria mais fácil enrolá-lo. Eu ainda não tinha falado para minha mãe sobre o cartão de crédito. Tive que repetir toda a história, e incluir outras informações.

— Júlia, é muito triste que você tenha feito uma viagem sem nos consultar. Você quebrou a confiança que depositávamos em você.

— Pai, tem mais um problema, que não disse para mamãe.

Ele ficou mudo.

— Pai, está ouvindo?

— Estou, termina logo essa história, Júlia.

— Pai, é muito grave o que vou lhe dizer. A Maria se apaixonou por um traficante.

— O quê? Pensei que você soubesse se cuidar — disse, urrando de raiva pelo telefone.

— Por que você acha que fiz isso? Descobri em Ibiza, aí peguei minhas coisas e fui escondida para o aeroporto. Usei seu cartão para comprar minha passagem de volta para Londres.

— Júlia, não quero mais que você saia de Londres sem nos consultar. E você não deve aceitar presentes de estranhos. Você não precisa disso.

— Você vai contar para a mamãe?

— Claro que sim.

Quinze minutos depois, meus pais ligaram novamente. Era minha mãe.

— A partir de agora, você somente tira dinheiro para comida e transporte. Use o cartão da sua conta. E agora, vá estudar.

Quando minha mãe desligou o telefone, pensei: *ainda bem que ela não disse para eu voltar para o Brasil.*

***

Aproveitei o dia para estudar, mas em algum momento senti-me enfadada. Ainda faltava muito para a hora do jantar. Liguei para Sérgio, mas ele não atendeu. Então, fui arrumar o quarto e vi que meu guarda-roupa estava muito apertado. As roupas de inverno ocupavam muito espaço. Abri uma mala e saí jogando tudo dentro dela. Até outubro, não precisaria daquelas coisas. Achei no bolso das roupas chiclete, dinheiro. No casaco que Sakiko havia me presenteado estava o ingresso do concerto de Bach e um cartão de visita.

Li o cartão:

> *Lorenzo Rizzo Professor*
> *Diretor de teatro e artes*
> New Bond Street
> Telefone: 0044 20751470XX

Lembrei do senhor que havia conversado comigo no Royal Festival Hall alguns meses antes. Pensei em jogar fora o papel, mas quando li New Bond Street, achei melhor pesquisar um pouco sobre a figura. E se essa fosse uma *resposta divina* e imediata ao meu tédio? Não era qualquer um que tinha um escritório em uma das ruas mais caras da cidade.

O domingo tinha sido bastante proveitoso. Consegui deixar meu quarto arrumado. Havia estudado cerca de quatro horas. A vida voltava ao normal. Às 19h, desci as escadas para ir jantar. Todos já estavam à mesa, inclusive a aniversariante. Nathalie preparou rosbife com purê de batata, mas o que me surpreendeu foi o bolo de chocolate feito para Macarena. Isso significava um elevado grau de amizade com ela. Senti ciúme, mas não deixei ninguém perceber.

Macarena já estava falando inglês melhor. Não era perfeito, mas já podia manter conversas informais. Passou quase todo o jantar explicando os problemas da Venezuela. Segundo ela, o país estava em crise porque o então presidente era antidemocrático. Coisas desse tipo. Macarena estava estudando inglês para conseguir um emprego no exterior. Para minha surpresa, foi um jantar sem complicações.

No dia seguinte, depois da aula, fui à biblioteca pesquisar na internet tudo sobre Lorenzo Rizzo. Nunca fazia esse tipo de coisa, mas sempre acreditei na sorte. Lorenzo era professor no Royal College of Arts, tinha sido agraciado com vários prêmios e trabalhava com um grupo de teatro na região de London Bridge. Estava confirmado que não era *serial killer*. Parecia ser alguém influente. Saí da escola e liguei para ele.

— Alô. Gostaria de falar com o senhor Rizzo — tive vontade de rir, não porque fosse engraçado. Eu estava nervosa.

— É ele quem está falando — disse uma voz grossa.

— O senhor continua exibindo o filme premiado? O senhor recomendou que eu assistisse.

— Desculpe, estou muito ocupado. O filme está sendo exibido no V&A[61]. Qual é seu nome?

— Meu nome é Júlia. O senhor me deu um cartão no Royal Festival Hall durante o concerto de Bach.

— Sei. Estamos fazendo testes. Por que você não vem aqui para conversarmos?

— Vou, sim. A que horas? O endereço do seu cartão diz New Bond Street. Mas está sem o número.

Disse que ia, mas estava incerta.

— Pode ser amanhã às 12h. Estamos próximo da London Bridge. Esse endereço que você tem é da minha galeria.

Anotei todas as informações.

No dia seguinte, saí cedo da escola e fui em direção a Lorenzo Rizzo. Decidi seguir minha intuição. Se o local fosse estranho, nem entraria. Quando cheguei ao endereço, havia muitos jovens na porta. Por fora, o lugar parecia um galpão. Entrei facilmente e vi que se tratava de um teatro. Reconheci Lorenzo. Estava todo o tempo dando algum tipo de ordem. Fui me aproximando e percebi que reclamava da luz.

— Senhor Lorenzo.

Falei uma vez, mas ele não escutou. Comecei a tremer de medo.

— Senhor Lorenzo — falei bem alto.

— O que está acontecendo? — disse ele bravo e voltando-se para mim.

---

[61] Victoria and Albert Museum.

— Sou Júlia, do concerto de Bach.

Seu semblante mudou rapidamente, e olhou-me com simpatia.

— Que bom ver você! Já almoçou?

— Ainda não — respondi.

— Quer almoçar comigo? Podemos ir ao London Borough Market[62].

— Não conheço.

— Então você não sabe nada sobre Londres. Venha comigo.

No caminho, fizemos uma breve retrospectiva do dia em que nos conhecemos. Lorenzo disse que o filho dele tinha sofrido um acidente na Índia. Recebeu uma mensagem no segundo ato do concerto de Bach e saiu desesperado para ter notícias. Lamentou muito por não ter ficado até o fim. O mercado era grande e mantinha a semelhança da bagunça e informalidade das feiras de alimentos brasileiras.

Os sabores transportados por meio dos cheiros provocaram uma fome descomunal em mim.

Lorenzo escolheu uma barraca movimentada onde vendiam sanduíches de chouriço.

— Você é minha convidada — disse, comprando os sanduíches.

— Isso não é certo. Quanto custa? — falei.

— Vamos nos sentar — respondeu indo em direção a uma mesa comunitária.

Ao ignorar meu comentário, temi que fosse uma prática comum entre as pessoas maduras autoritárias, e me ofereci para comprar as bebidas.

— Vou comprar uma Coca-Cola. E você?

— Também quero uma Coca-Cola — disse sorrindo.

Sentados à mesa, conversamos um pouco.

— Você continua estudando inglês? — perguntou.

— Você lembra disso? — respondi, surpresa.

— Claro que lembro, minha memória é muito boa.

— Continuo.

— Por que você me procurou?

Foi uma pergunta inesperada, mas rapidamente elaborei uma resposta.

---

[62] É um mercado de alimentos próximo à estação London Bridge.

— Sinto-me presa nesta rotina de estudos. Quando vi no cartão que você trabalhava com teatro, pensei que fosse um bom sinal. Tenho vontade de conhecer mais sobre esse assunto.

— A rotina faz parte da vida. Se quiser seguir este caminho, também terá que estudar.

Ele falava bastante. Eu não tinha muito o que dizer e por isso segui escutando sem interrompê-lo.

— Esse lugar onde nos encontramos também é uma escola. Você já fez algum curso de teatro?

— Não, mas já fiz papéis importantes na escola. Como funciona? Qualquer pessoa pode estudar nela? — não ia dizer que só tinha sido *anão da Branca de Neve*.

— É uma escola diferente. É gratuita. Nosso foco são os jovens carentes de áreas marginalizadas de Londres. É algo tão inovador que uma pessoa está fazendo um documentário sobre isso. Atualmente, estamos trabalhando na montagem de Romeu e Julieta, de Shakespeare.

— Interessante. Posso participar?

— Infelizmente, não. Mas temos uma situação especial neste mês. Convidamos uma professora ilustre para dirigir um workshop. Desse curso você pode participar. As aulas são no período da tarde, mas você tem que pagar.

— Quando começam as aulas?

— Na próxima semana.

Minha intuição dizia que ele não poderia me fazer mal. Ao mesmo tempo, aproximava-me de um universo desconhecido.

— Lorenzo, acho que vou comprar mais sanduíches, ainda tenho fome.

Ele disse que estávamos presentes no local com a melhor *junk food*[63] da cidade. Isso significaria não deixar o mercado sem comer *fish and chips* e torta de maçã com canela. Mas ele estava em um intervalo de trabalho. Lorenzo tinha coisas mais importantes a fazer.

— Júlia, preciso ir para o escritório. Por que você não vem comigo e aproveita para ter mais informações sobre o curso?

— Claro. Obrigada pela oportunidade.

Quando chegamos ao galpão, Lorenzo chamou uma jovem para me atender. Chamava-se Charlotte. Informou que só havia duas vagas. Explicou

---

[63] Comida pouco saudável.

que a professora morava em uma das Ilhas Britânicas e vinha uma vez por ano conduzir o workshop. Participavam, geralmente, atores e estudantes de áreas afins. Era um curso intensivo e durava três semanas. Algumas pessoas vinham de outros países para participar.

Imaginei que era algo especial. Frequentar a Blue School somente pela manhã, durante três semanas, não prejudicaria meu desempenho. Ao contrário, poderia ser bom, pois estaria em contato com pessoas da língua nativa. Encarei como um experimento.

— Charlotte, quero fazer o curso. Mas não posso pagar hoje, guardo meu dinheiro em casa.

— Tudo bem. Mas você precisa pagar até amanhã às 14h.

— Tudo bem. Muito obrigada.

— De nada.

— Como faço para me despedir do Lorenzo?

— *Mister* Rizzo tem um escritório no segundo andar. Eu levo você até lá.

Ela o chamava de *Mister* Rizzo. Eu mal o conhecia e já o chamava pelo primeiro nome. O escritório era uma grande desordem, porém, muito bem iluminado, decorado com móveis antigos e prateleiras repletas de livros.

— Obrigada, Charlotte, por trazer a Júlia aqui — disse, fechando a porta.

— Amanhã voltarei para pagar o curso às 14h, deixei o dinheiro em casa.

— Então, vamos almoçar juntos. Sei onde estão as melhores pizzas da região. Que tal se nos encontrarmos às 13h?

Aceitei o convite e, ao sair da escola de teatro, aproveitei para andar pela área. Era um lugar repleto de restaurantes, lojas e galerias. Não havia muitos turistas. Achei um lugar chamado Hay's Gallery que lembrava muito Covent Garden. O rio Tâmisa é companhia constante no trajeto.

Sempre que descobria coisas novas, sentia-me feliz. Agora compreendia Sérgio, quando disse que estava se instruindo ao *bater perna pela cidade*.

Não vi o tempo passar. Cheguei em casa muito atrasada para o jantar, mas estava feliz e leve. Os Petters não reclamaram, mas me desculpei pelo atraso.

— Nathalie, vou fazer um curso de teatro na próxima semana — falei, comendo a lasanha.

— Teatro? Mas e a escola? — perguntou ela.

— O curso vai ser no período da tarde durante três semanas. Vou perder somente as aulas de estudos culturais e *listening*.

— Acho que teatro é coisa de louco. Seus pais já sabem disso? — perguntou Macarena, com um inglês cada dia melhor.

— Não precisam saber. Já tenho 18 anos.

— Júlia, preste muita atenção com o que faz com sua vida. Não perca o foco — disse Nathalie.

— Eu fiz teatro na faculdade. Depois disso, conquistei Nathalie. O teatro é algo maravilhoso — disse Richard.

Richard sempre me apoiava.

— Acho que você conta essas coisas porque precisa de cúmplices. Richard, ela não pode mentir para os pais.

Pela primeira vez, vi Nathalie aborrecida comigo.

— Ela não precisa mentir. É só não falar sobre o assunto. Júlia já não é mais criança. Precisa tomar suas próprias decisões.

Era engraçado assistir àquela conversa com pessoas que havia conhecido há poucos meses. Parecíamos uma família. Nosso bom relacionamento era, em essência, resultado da educação que eu tinha recebido dos meus pais no Brasil, que incluía respeitar os mais velhos.

Nathalie era direta e tinha razão. Eu precisava de cúmplices. E Richard ajudou bastante.

***

Os Petters eram os avós que eu nunca tive. São situações que nos levam a desconfiar se existe realmente coincidência, ou são resultado de nossas boas ações. Meu professor de literatura no Brasil dizia que isso se chamava efeito *bumerangue*.

Para pagar o curso, resolvi utilizar parte dos *traveler's checks* que minha família tinha me dado para casos de emergência. Era muito dinheiro para ficar guardado. Além do mais, o sistema de saúde público dos britânicos é eficiente. Se eu fosse hipocondríaca, não sairia do hospital.

No dia seguinte, fui para a escola assistir às aulas normalmente. À tarde, paguei o curso de teatro e saí para almoçar com Lorenzo. Comemos pizza em um restaurante muito escondido, porém repleto de pessoas.

— Gostou da pizza, Júlia? — perguntou Lorenzo.

— Está muito gostosa. Eu voltaria aqui.

— Que bom. É minha pizzaria predileta. Como estão suas expectativas para o workshop?

— Estou ansiosa. Preciso de novos desafios.

— Isso! Você vai gostar das aulas, são fantásticas. Você já foi ver o filme no V&A?

— Ainda não, vou no fim de semana. Quando começa a apresentação de Romeu e Julieta?

— Vai demorar. E já não é de minha responsabilidade. Lembra que falei sobre alguém estar fazendo um documentário?

— Lembro.

— Ele vai filmar os ensaios de Romeu e Julieta e a vida dos estudantes.

— Que bacana. Tenho uma curiosidade. De onde você é?

— Sou italiano. Cheguei aqui com 6 anos de idade. Depois de adulto, morei em outros lugares, depois optei por Londres, mas penso em breve passar um tempo em Nova York.

— Você tem quantos filhos?

— Dois, quer dizer... — começou a gaguejar — tenho um filho de 25 anos. Minha filha morreu de leucemia.

Minha pergunta o deixou desestabilizado.

— Quando você ama o que faz, isso ajuda muito. Bom, garota, preciso ir, viajo hoje para a Itália. Vou dar uma palestra. Quando voltar, podemos almoçar juntos. Gosta de comida Vietnamita?

— Nunca comi.

***

Cheguei em casa tarde. Os Petters já estavam recolhidos. Quando estava pronta para dormir, recebi um telefonema. Era Sérgio. Convidou-me para sair e sugeri que fôssemos ao V&A no sábado e depois poderíamos comer na Harrods, pois são lugares próximos um do outro. Ele adorou. Era só falar *na tal loja de departamento* que o garoto ficava louco de felicidade.

Durante a semana, continuei estudando inglês com dedicação. Afinal, meus pais tinham financiado o curso, e sempre havia algo novo a aprender. Ainda bem que Sasha continuava na minha sala de aula. Era bom ter uma amizade duradoura, porque o *entra-e-sai* de alunos resultava em relações superficiais.

Quando chegou o fim de semana, me encontrei com Sérgio na porta do V&A. Senti muita saudade da companhia dele, mas quando disse isso, achei que duvidou dos meus sentimentos. Contei os fatos mais recentes de minha vida, deixando-o curioso e impressionado, mas fez críticas.

— Júlia, esse velho deve estar querendo namorar você.

— Não seja bobo. Ele quer ser meu amigo.

— Você já leu Nabokov?

— Aquele *cara* que fez Lolita?

— Exatamente.

— Ainda não li.

— Então, compra o livro, para você não terminar como a Lola.

— Já estou arrependida de me abrir com você. E esqueci de te dizer. Ele tem escritório na New Bond Street.

— Sério? Quero ir lá.

— *Vou pensar no teu caso.* Vamos ver o filme premiado.

A entrada era gratuita. Estávamos sós na sala de exibição. O filme era algo estranho, a tela ficava chiada, igual quando uma programação sai do ar. Uma linha vermelha cruzava a tela da esquerda para a direita. Pensamos que havia algo errado.

— Júlia, vou lá fora avisar que a reprodução está com defeito.

Quando Sérgio voltou, disse que aquilo já era o filme.

— Isso é arte? Vamos ficar mais 10 minutos para ver o que acontece — disse Sérgio.

Os 10 minutos se passaram, e nada tinha mudado. Caímos na gargalhada.

— Esquece isso, vamos para a Harrods — falei.

Quando chegamos à entrada principal da loja, senti que ele estava feliz, igualzinho a uma criança no parque de diversões, e imaginei o que iria acontecer. Sérgio passou duas horas na seção de perfumes. Parou em todos os andares e, no último andar, finalmente comprou um par de jeans. Ele não era tão previsível.

***

Nunca mentia para meus pais, mas agora já tinha virado um hábito. No domingo, liguei para casa e contei que estava tudo bem. Não pedi dinheiro nem contei dos *traveler's checks*. Tinha esperança de gostar do curso e de aprender coisas novas que pudessem transformar minha vida.

No dia seguinte, assisti a todas as aulas do período da manhã. No intervalo, contei para Sasha o que estava fazendo. Ela achou incrível. Disse que gostaria de fazer algo como eu, mas o único dinheiro extra que tinha era para visitar Paris antes de terminar o curso.

Saí da escola e fui direto para o teatro. Comi um sanduíche pelo caminho. Quando cheguei, Charlotte estava recepcionando as pessoas e pensei que íamos usar o palco. Fomos conduzidos para uma sala bem grande no segundo andar da escola, em um corredor oposto à sala de Lorenzo. Uma sala espaçosa, com um quadro negro e várias cadeiras com braço para escrever, esperava por nós. Somente o professor teria uma mesa com cadeira.

Olhei ao meu redor e já havia cinco pessoas. Quase todas maduras. Alguns tinham idade para ser meus pais. Porém, pouco a pouco, foram chegando outros mais jovens. Fui sentindo um alívio. Simpatizei imediatamente com a professora, quando entrou pela porta. Tinha um sorriso bonito, olhar doce de menina, apesar de idosa.

— Boa tarde a todos, sou Elizabeth Dennis, professora de artes cênicas. Vejo que temos uma variedade grande de idades. E isso é muito bom. Gostaria de que cada um se apresentasse.

Eu estava sentada no meio dos alunos. Fiquei pensando o que diria. À medida que escutava o currículo de cada um, entrava em desespero. A primeira garota que se apresentou tinha 16 anos. Seu físico era de bailarina e estava se preparando para fazer testes em um famoso circo canadense. Foi quando uma garota, chamada Caroline, de 14 anos, apresentou-se e disse que era atriz desde criança, que senti uma vergonha enorme para me apresentar. O que diria? Pensei em dizer a verdade, mas qual era a verdade?

— Olá, sou Júlia, sou brasileira, tenho 18 anos e... e... preciso — travei. Todas as pessoas olhavam para mim.

— Júlia, respire fundo, não precisa ficar nervosa. Até o final do curso, saberemos muito sobre você — disse Elizabeth com uma voz mansa e doce.

A professora tinha sido muito gentil, mas eu estava morta de vergonha. Depois de minha fracassada apresentação, fiquei observando a facilidade com que os outros falavam. Na maioria, eram atores. Pouco depois de terminar a apresentação, a professora começou a falar das regras do curso, mas foi interrompida por alguém que batia à porta.

— Pode abrir a porta — disse Elizabeth. — Aviso a todos que não são permitidos atrasos. Hoje vou abrir uma exceção. Como você se chama, rapaz? Apresente-se, por favor.

— Boa tarde a todos. Meu nome é John. Desculpe o atraso.

Enquanto falava, ia se acomodando na carteira. Trazia uma bolsa grande igual a de carteiro.

— Sou de Nova York e produzo filmes. Atualmente, estou fazendo um documentário sobre os alunos desta escola.

— Já ouvi falar desse projeto e achei fantástico. E quando começam a gravar? — perguntou Elizabeth.

— Já estamos gravando. Terminamos as externas. À noite, de segunda a sexta, a partir das 19h, nos reunimos aqui no teatro para a leitura de Romeu e Julieta.

Lembrei imediatamente que eu o conhecia. Era o amigo de Monia que morava próximo da estação *Liverpool*. Foi fácil lembrar dos irmãos de Nova York. A presença de John me deu a certeza de estar em um lugar especial. Uma pessoa como ele não ia perder tempo fazendo um cursinho qualquer. Eu não sabia o que aprenderia. Mas, sem dúvida, não era um lugar apenas para aprender inglês.

***

O workshop incluiria exercícios de voz, expressão corporal, além de textos que deveriam ser lidos previamente e debatidos em sala de aula. No fim de cada seção, deveríamos elaborar uma minipeça de teatro. Elizabeth também informou que seríamos avaliados duas vezes no final das três semanas para poder receber o certificado. Na primeira, cada aluno deveria apresentar um monólogo. Disso não gostei. Na segunda, deveríamos formar equipes e preparar uma obra para apresentar no teatro.

Na saída, aproximei-me de John e perguntei se lembrava de Monia e de mim.

— Brasileira! Lembrei agora. Mas você estava estudando inglês, não é? Desculpe, não lembro seu nome.

— Júlia. Continuo estudando inglês, pela manhã.

— Fiquei feliz em saber que a Elizabeth ia dar esse curso. Ela é uma professora famosa. Você sabia que é a última vez que ela dará esse workshop?

— Não.

— Pois é a última. Ela mora em uma das Ilhas Britânicas e já está muito idosa. Veio a pedido do dono da escola. É muito difícil dizer não para ele. O que vai fazer agora? Tenho que gravar no teatro. Gostaria de ver?

— Hoje não posso. Que tal amanhã? Até que horas vocês filmam?

— Tudo bem. Depende. Às vezes, até uma da manhã.

— É muito trabalho.

— Não é, não. Bom, tenho que ir. Nos vemos amanhã — despediu-se John.

Estava radiante pela oportunidade de participar daquela experiência. O primeiro dia foi melhor do que imaginava. Cheguei em casa vibrando de alegria. Estava um pouquinho atrasada, mas ninguém reclamou.

— Então, sua professora se chama Elizabeth Dennis? Será que é quem estou pensando? — disse Richard.

— Isso. Vocês a conhecem? — perguntei.

— Não. Ela é muito famosa. Foi uma grande atriz de teatro. Mas pensei que estivesse aposentada — disse Richard.

— Ela está ótima. Uma pessoa disse que será a última turma dela.

— Alguém sabe quantas horas leva a viagem de avião daqui para Escócia? — perguntou Macarena.

Estava tentando exercitar minha tolerância com Macarena, mas ela havia *mudado de assunto* sem fazer qualquer transição. Era sua vez de ser paciente.

— Você vai para a Escócia, Macarena? — perguntou Richard.

— Vou com uma amiga espanhola da escola.

— De Londres para Edimburgo são cerca de uma hora e meia — informou Nathalie.

Macarena parecia enfadada. Levantou-se da mesa com a desculpa de estar cansada. Talvez a conversa fosse rápida demais para acompanhar.

— Acho que você fez bem em se inscrever nesse curso — disse Nathalie.

— Sério? Pensei que você achasse desonesto com minha família.

— Pensei que você perderia o foco, mas agora sei que será bom para seu crescimento pessoal. Seus pais vão gostar do resultado. Aproveite bem estas três semanas — disse Nathalie.

No meu quarto, não consegui ler direito o trecho da peça, que era minha lição de casa. Eu lia, mas não entendia nada. Na sala de aula, percebi que tinha dificuldades. Estava perdida nos textos de *Molière* e Shakespeare. Estava claro que na prática o idioma por si só não funcionava. É preciso ter vivência. A melhor parte era quando tínhamos que criar nossas próprias histórias. Sempre estava incluída no grupo de John.

***

John era alegre, divertido e extremamente criativo. Sempre me fazia rir durante as apresentações. Gostava de imitar mulheres. Era um grande ator. Lembro do primeiro sábado em que saímos juntos. Convidou-me para comer em um restaurante belga que era a cara dos londrinos. O lugar ficava próximo de Camden Town[64]. Na entrada havia uma porta bem vagabunda. Você abria e passava por um corredor escuro, que o levaria a um sofisticado restaurante, com decoração toda em madeira, e uma minifloresta que circundava todo o ambiente. Comemos mexilhões. Contei toda a minha vida para ele, inclusive como havia descoberto o curso, e de minha amizade com Monia no período em que convivemos.

— Júlia, estou surpreso de sua amizade com o Lorenzo. Ele é muito difícil. Esse teatro foi construído pelo pai dele, um industrial italiano. Lorenzo era casado com uma estrela do cinema francês. Mas perderam uma filha, não sei bem como foi. Eu não o conhecia naquela época. Isso faz três anos. Já pesquisou na internet?

— Ele contou essa história para mim. E não pense que fico fuçando a vida das pessoas na internet.

— Mas você contou que buscou saber quem ele era na internet.

— Queria saber se ele era *serial killer*. Ele disse que quando chegasse da Itália, sairia comigo para almoçar.

— Ele não é *serial killer*, mas é bem neurótico. O que você vai fazer amanhã?

— Acho vou ficar em casa estudando. Tenho muita dificuldade para entender os textos da Elizabeth.

— Tenho uma ideia. Posso te ajudar com os textos, mas em troca você me ajuda com meu projeto.

— Sério? E que projeto é esse?

---

[64] Um lugar alternativo da cidade.

— Você fica vigiando meu material durante as filmagens na escola. Além disso, pago cinco libras por hora. Tem algum ladrão por lá. Me roubaram uma lente ontem. Fiquei furioso.

— Não. Isso não é bom negócio. Vou ter que ficar até tarde na escola. Além disso, moro em Crouch End. É muito longe de London Bridge.

— Pago sete libras por hora e te levo de carro para casa se passar das 23h. Você pode guardar o dinheiro para viajar. E não pense que isso é *assédio*. Preciso realmente de alguém com seu perfil para me ajudar.

— Nunca trabalhei antes, mas acho que vai ser bom. Aceito. Só não me denuncie para a imigração.

— Negócio fechado, Júlia. E não conte para ninguém que vou pagar pelos seus serviços.

— Pode deixar.

— Amanhã nos vemos na minha casa para ler o texto.

Pagamos a conta e fomos embora. Meu objetivo era nunca mais pegar dinheiro dos *traveler's checks*. Queria chegar ao Brasil e devolvê-los aos meus pais. Foi ótimo jantar com John. Além de generoso, era paciente comigo.

***

Já tinha esquecido como ir para a casa dele. Mas, com o endereço em mãos, foi mais fácil do que da primeira vez. Cheguei por volta do meio-dia, trabalhamos no primeiro andar durante duas horas. John explicava que existia um Shakespeare para cada idade. Como eu estava na fase Romeu e Julieta, ficava difícil apreciar Richard III.

Depois, ele apresentou todo o material que tinha e me ensinou a guardar cada lente. Organizamos tudo, fechamos as maletas e subimos para comer algo. Foi nesse momento que Phil e Nicholas acordaram. Pareciam dois zumbis na cozinha. Phil se lembrou imediatamente de mim.

— A garota da cidade com mangueiras — gritou Phil.

— Boa memória — falei.

— Não amole a Júlia. Encontramo-nos no curso da Elizabeth.

— Que coincidência! E sua amiga indiana? — perguntou Nicholas.

— Ela é italiana. Está em Milão. Não tenho notícias desde que partiu.

— Júlia, vou preparar algo para comermos, você gosta de massa? — perguntou John.

— Adoro — respondi.

John preparou comida para todos. Depois de comerem, Nicholas e Phil nos deixaram a sós. Confesso que não entendi nada da conversa durante a refeição. Era tão abstrata e filosófica que me desliguei. Encontrei essa maneira de poupar minha mente, pois quando deixava de entender as conversas com naturalidade e tentava traduzir o que escutava, palavra por palavra, o resultado era uma grande enxaqueca.

***

Em casa, os Petters estavam ansiosos para o Cruzeiro que fariam em uma semana. Estava muito pensativa sobre os momentos de acaso na vida e perguntei durante o jantar se eles acreditavam em destino.

— Não acredito. Seria terrível pensar que tudo está predestinado — disse Nathalie.

Senti-me uma boba. É claro que eles não acreditavam nessas coisas, mas eu tinha esperança de encontrar uma resposta mais misteriosa.

— Também não acredito nessas coisas — disse Richard.

Mas foi Macarena quem deu uma resposta delicada.

— Eu não sei. Em todo caso, é melhor fazer o bem — disse ela.

— Parece que estou ouvindo frases de um livro bem barato de autoajuda — encerrou o assunto Nathalie.

Nathalie era uma pessoa maravilhosa, mas alguns assuntos, especialmente aqueles que envolviam emoções, deixavam-na constrangida.

Fiquei tocada com as palavras de Macarena. Não fiz nenhum comentário, preferi escutar com atenção sobre sua futura viagem para a Escócia.

— Também gostaria de dizer que não estarei em casa durante o jantar por algumas semanas. Vou participar de um trabalho na escola de teatro e vou chegar tarde nos próximos dias.

— Obrigada por avisar, Júlia — disse Nathalie.

Na escola de inglês, quem passava as notícias para mim era Sasha. Tentava me convencer a fazer uma viagem para Paris, mas eu estava sem interesse. Já as aulas de Elizabeth estavam cada vez mais interessantes. John era sempre exagerado e divertido. Não tinha vergonha de nada. Era um adorável exibicionista. Tornou-se o queridinho de Elizabeth, o que causou ciúmes em outros alunos. Na segunda semana, eu já tinha entendido que aquele curso era uma vitrine. Os atores profissionais queriam se aproximar de uma das maiores estrelas do teatro inglês. O curso era apenas um pretexto.

Quando terminavam as aulas, começava meu trabalho. Assistia às gravações quietinha, retirava o equipamento das caixas e montava tudo junto com John. Era divertido, porque ele gostava de me ensinar um pouquinho de tudo. Havia vários profissionais envolvidos. Além dos atores, havia professores de teatro. John dirigia as filmagens. Outros dois rapazes filmavam com ele. Os equipamentos eram todos dele, e eu deveria vigiar. Senti em poucas semanas minha evolução no idioma e a importância de ter meu primeiro trabalho. O teatro trazia uma enorme sensação de liberdade. As pessoas eram críticas, seguras e ninguém se importava com cor, gênero ou classe social.

***

Minha rotina ficou pesada. Dormia menos, mas era bom acordar sentindo-me útil. Quando os Petters viajaram, fiquei praticamente morando na escola de teatro, porque já era a última semana. Precisei preparar meu monólogo e a peça em grupo. Faltei a semana inteira no curso de inglês. Fiz um grupo composto por mim e John, além da menina fantástica de 14 anos que se chamava Caroline.

Foi na última semana que reencontrei Lorenzo no corredor onde estavam as salas de aula.

— Júlia, está gostando do curso?

— Muito.

— Quero ver sua apresentação. Quando vamos comer nossa comida vietnamita?

— Pode ser no fim de semana. Temos o monólogo na sexta. E sábado será o espetáculo do grupo.

— Estarei aqui para ver. Que tal domingo? Posso buscar você em casa.

— Por favor, não venha para a apresentação. Vou ficar nervosa.

— Tudo bem, não virei. Nos vemos no domingo. Qual é seu endereço?

Dei meu endereço e voltei para a sala de aula.

Os ensaios foram na casa do John. Tudo foi escrito em duas horas. Ele escreveu a peça com muita facilidade. Éramos três loucos vivendo trancados em uma instituição de saúde mental. Eu, ele e Caroline éramos um trio harmonioso. Foi um momento inesquecível. Porém, a atividade ainda estava incompleta, pois tínhamos que planejar o cenário. Foi quando entrou a participação de Phil. Como era arquiteto, emprestou-nos extensões e luzes para armar no teatro.

Para meu monólogo de sexta-feira, preparei uma história que contava meus primeiros dias em Londres. Escrevi tudo o que aconteceu, desde o momento em que prenderam os bandidos dentro do avião até mudar para a casa dos Petters. Fiquei muito nervosa. Eu mesma achei ruim meu desempenho. A apresentação mais impactante foi a de um senhor que era um velho ator. Mostrava que o teatro tinha o poder de transformar a vida. Havia crescido em um mundo cheio de regras. Quando jovem, havia sido muito reprimido pelos pais. Ainda adolescente, foi enviado para uma escola militar. Enquanto falava, mostrava em um cavalete fotos de infância, e a apresentação culminou com ele tirando a roupa.

***

No dia seguinte, sábado, as apresentações em grupo começaram às 14h. Estava muito nervosa e não tive coragem de convidar nenhum amigo, nem mesmo Sasha ou Sérgio. Seríamos os últimos e, pela primeira vez, eu estaria em um teatro atuando. Alguns minutos antes, senti a boca seca, o coração acelerou, pensei que ia morrer no palco. O teatro estava lotado. Caroline e John estavam tranquilos. Tivemos cinco minutos para arrumar o cenário. Mas depois que começamos, senti um jato de adrenalina no corpo e coragem para dizer todas as falas. Surpreendentemente, fomos aplaudidos de pé. Em êxtase, nos abraçamos.

Comemorei junto com meus colegas. Trocamos telefones e e-mail. John tinha sido o grande destaque do curso em vários aspectos: simpatia, carisma, comprometimento e criatividade. Fiquei feliz em conviver com todas aquelas pessoas. Quando terminamos a confraternização, conversei um pouco com John. Estava muito grata por tudo o que ele havia feito por mim.

John pegou na minha mão e colocou uma pequena câmera fotográfica digital.

— Isso é para mim? — perguntei surpresa.

— Sim, é para você. É usada. Nunca vi você tirando fotos. Acho que precisa começar a estar atenta para os momentos.

— Alguém já havia recomendado isso. Tenho uma analógica em casa que uso muito pouco.

— Você tem que comprar baterias, porque estas descarregam rápido. Pode guardar os arquivos em CD. Há máquinas Kodak em quase todas as estações de metrô.

Pensei no que meu pai havia dito sobre não aceitar presentes, mas que culpa eu tinha se o destino insistia em me agradar?

— Muito obrigada. E as gravações?

— Conto com você. Temos mais uma semana de trabalho. Nos vemos segunda-feira. Minha noiva está em Londres. Preciso dar atenção a ela.

Recordei que Monia e eu saímos da festa sem nos despedirmos dele, pois estava ocupado dançando com uma moça bonita.

— Lembro de você dançando com uma moça que parecia modelo.

— Verdade, a Ana estava comigo no dia da festa, quando Monia apresentou você. Amanhã, assistiremos às gravações de um filme. Quer ir?

Pensei que a proposta era tentadora, mas achei melhor não aceitar, não queria *segurar vela*.

***

Quando cheguei em casa, escutei vozes que vinham da sala. Fui caminhando em direção ao som. Os Petters tinham voltado do cruzeiro. Parecia uma festa. Estavam felizes. Junto com eles estava Macarena.

— Júlia, chegamos pela tarde. Estou contando as histórias da viagem para a Macarena — disse Nathalie.

— Como foi a peça? — perguntou Richard.

— Que alegria ver vocês! A peça foi incrível.

— Ainda não jantamos. Quer comer quiche? Está assando no forno — disse Richard.

Estavam muito alegres. Aceitei o convite para jantar. Conversamos, brincamos, e decidi usar minha máquina "nova" para bater fotos. No jardim, fizemos palhaçadas. Nunca estive tão próxima de Macarena. Mandávamos beijinhos para Richard que estava na sala olhando pela janela de vidro, enquanto nós três fazíamos poses no cortador de grama. De volta à sala, contei todas as histórias do teatro. Richard mostrou as fotos do cruzeiro. Quando me sentei no braço da poltrona, beijei a cabecinha dele e fui dormir.

No dia seguinte, acordei com um barulho de sirene, mas pensei que deveria ser um carro passando pela vizinhança. Quando me levantei, lentamente abri a cortina para deixar o sol entrar. Uma ambulância estava na frente de casa junto com o carro da polícia. Imediatamente, troquei de roupa, escovei os dentes e desci.

Capítulo 9
Nada é para sempre

Quando cheguei ao andar de baixo, fiquei no corredor observando Nathalie conversar com os paramédicos. Seus olhos estavam cheios de lágrimas. Fiquei chocada, porque quando o médico ainda estava lá, escutei ele dizer que nada poderia ser feito. Desejei que meu inglês fosse péssimo. Porém, quando os médicos saíram, Nathalie me disse:

— Richard morreu.

Pedi a Deus para estar sonhando. Seguramente, era um pesadelo. Nunca pensamos na morte como algo tão próximo de nós. Está sempre nos outros, em outras pessoas, no alheio às nossas vidas diárias. De fato, achamos que somos invencíveis, até o dia em que ela chega sem nenhum tipo de bilhetinho ou carta de apresentação. E justamente naquela noite que resolvi tirar fotos com os Petters. *Onde estava o homem com capuz preto um dia antes?*

A morte é uma experiência assustadora.

***

Nunca mais veria meu amigo gigante e seu sorriso e, o pior, ficaria sem seus conselhos. Fui ao quarto de Macarena avisá-la. Ficou chocada. Deu-me um abraço forte e espontâneo e não consegui engolir o choro. Chorei como um bebê. Esqueci todas as nossas diferenças.

Fui ao jardim em que havíamos nos divertido e lembrei dos beijinhos do dia anterior. Na juventude, pensamos que tudo é eterno, especialmente aqueles que amamos, mas somos todos como as nuvens. Passageiras. Faz-nos bem acreditar que tudo é para sempre. E nisso somos todos iguais. Um dia, perderemos alguém que amamos.

Enquanto pensava, escutei vozes me trazendo para a terra. Eram Nathalie e Macarena.

— Quero que passeiem como fazem todos os fins de semana. Voltem somente à noite — disse Nathalie.

Não sabia onde seria o velório ou o enterro. Foi Macarena quem perguntou.

— Nathalie, onde será o velório?

— Não se preocupem com isso.

Era muito cedo, Macarena me convidou para sair com seu grupo de amigas. Convenceu-me a não ficar sozinha. Aceitei e fomos encontrar suas colegas. Combinamos de não contar a ninguém sobre a morte de Richard.

O passeio começou na área que eu já conhecia muito bem: London Bridge. O motivo de estar naquela estação era visitar o *Museu dos Horrores*. O lugar contava as histórias dos assassinos mais famosos da cidade, como *Jack, o Estripador*. As amigas de Macarena eram simpáticas e alegres, mas era um pouco estranho estar naquele lugar, principalmente poucas horas depois da morte de Richard.

— Macarena, este lugar está fazendo mal para mim — disse baixinho perto do ouvido dela.

— Para mim também. Vou ver o que posso fazer — respondeu.

Não teve jeito, elas estavam se divertindo muito. Lembrei que tinha um encontro com Lorenzo. Pensei em desmarcar, mas seria melhor do que ficar fingindo ser um dia normal. Quando já estava próximo das 13h, liguei para Lorenzo, perguntei se ele poderia se encontrar comigo em alguma estação. Ele disse que poderia ser em Sloane Square às 18h30. Despedi-me de Macarena e de suas amigas e fui embora.

Às 18h30, vi um carro andando bem lento próximo da estação. Era Lorenzo. Entrei no carro.

— Oi, Lorenzo! O que vamos comer hoje? — falei com voz alegre, entrando no carro.

— Comida vietnamita. Está pronta?

— Sim, contanto que eu não tenha quer comer sapo ou cobra, eu topo.

— Garanto que não vai comer essas coisas.

O restaurante ficava em uma zona residencial. Parecia uma casa. Nada demostrava ser um restaurante. Quando abriu a porta, fiquei surpresa. Estava cheio de gente. Sentamo-nos em uma mesa pequena, comemos muitas delícias.

— Parece que os londrinos gostam de esconderijos.

— Então, você já foi a outros esconderijos?

— O John, aquele que está fazendo o filme da escola, me levou a um restaurante belga que um turista jamais acharia.

— Aqui em Londres os lugares mais *especiais* estão escondidos. O londrino gosta disso. Olhe ao seu redor. Essas pessoas aqui são locais, dificilmente você verá um turista comum por aqui.

— Que estranho, não entendo isso.

— E o John? Como vocês se conheceram?

Contei do dia em que conheci John e que depois o reencontrei nas aulas de Elizabeth.

— Gosto muito dele porque me ensina coisas novas.

— Que bom, Júlia, conheço a noiva dele, a Ana. Foi ela quem me apresentou para ele.

— Ela está aqui em Londres. John é uma pessoa muito boa. Parece ter uma vida ótima.

— É verdade. Os pais dele têm uma construtora importante em Nova York. Fiquei com medo de ele ser muito mimado, mas, para minha surpresa, é despretensioso e dedicado.

John e Phil, apesar da origem abastada, mostravam-se pessoas extremamente simples e discretas. Descobri isso pouco a pouco, montando um quebra-cabeça. Eles nunca precisaram dizer nada.

— Lorenzo, por que você é meu amigo?

— Por que sou seu amigo? Gosto de você. Lembra minha filha. Você se parece muito com ela. Quer ver a foto?

— Quero.

Realmente, éramos muito parecidas.

— Poderíamos ser irmãs.

Lorenzo contou que ficou afetado quando nos sentamos próximos no dia do concerto de Bach. Aproveitei para revelar o meu motivo para estar lá. Eu não era conhecedora de música clássica. Um amigo meu estava no hospital e eu precisava de uma desculpa para não estar em casa.

— Esse meu amigo morreu hoje. Era o dono da casa onde estou hospedada. Se pudesse, voltava para o Brasil agora. Acho que vou pedir isso para meus pais.

— Sinto muito, Júlia. Fique calma. Você termina quando o curso de inglês?

— Em dezembro — respondi chorando.

— Então, aproveite os próximos meses. Tenho certeza de que seu amigo não ia gostar de ver você abandonar o intercâmbio.

— Seu filho realmente teve um acidente no dia em que conheci você?

— Teve. Não menti sobre isso.

Senti um alívio enorme, pois Sérgio havia colocado algumas bobagens em minha cabeça quando disse para eu ler *Lolita*. Ao contrário do que ele temia, sim, é possível ter amigos mais velhos. O caráter de uma pessoa não pode ser medido pela idade.

— O que você vai fazer esta semana? — perguntei.

— Vou tirar uns dias de férias na Itália com minha família. Depois tenho que ir a Nova York. Volto para Londres no final de agosto. E você, o que vai fazer?

— Estudar. Uma amiga me convidou para ir a Paris. Eu sempre digo não.

— Pois diga sim. Vá viajar. Ou vai querer ficar triste lembrando do seu amigo?

— Talvez você tenha razão.

Depois do jantar, Lorenzo me deixou em casa. Perguntou se eu precisava de alguma coisa e respondi que não. Ficamos de nos encontrar em agosto, mas foi a última vez que estivemos juntos.

Na garagem da casa, que nunca era usada, havia um Jaguar verde estacionado. Quando entrei na sala, estavam Nathalie e um senhor.

— Boa noite, Júlia. Este é Roger, irmão do Richard.

— Boa noite, Júlia — disse o senhor.

— Boa noite, senhor, sinto muito pelo seu irmão. Era um grande amigo para mim.

Despedi-me e fui para meu quarto.

No dia seguinte, a vida seguiu normalmente em casa. A mudança foi que passei a ir para a escola com Macarena. A morte de Richard colocou um ponto final em nossas desavenças. No caminho para a escola, o assunto era: *o que fizeram com o corpo de Richard?* Eu realmente tinha achado estranho o dia anterior. Ninguém havia falado em velório ou enterro. Parecia que ele tinha viajado, ou saído de casa discretamente.

***

Durante o trajeto para a escola, Macarena tentava me convencer de que os ingleses eram frios, pois Nathalie não havia derramado uma lágrima. Falei que estava enganada, porque eu tinha visto lágrimas no rosto dela. Não teve jeito. Ela começou a achar que havia algo de estranho na casa onde morávamos. Estava bastante confusa.

Macarena vinha de uma cultura cheia de drama. Não conseguia entender a discrição e introspecção da nossa *host mother*. Precisava de pessoas chorando desesperadamente, jogando-se em cima de um caixão. Mas a verdade é que cada país tem seus códigos de conduta e, quando se trata de dor e sofrimento, cada um tem sua maneira de lidar com o assunto.

Na escola, Sasha continuava adorável comigo. Perguntei a ela sobre os planos de ir a Paris. Disse que queria muito viajar, mas a próxima excursão da escola estava programada para setembro. Então, teríamos que esperar alguns meses. As aulas de inglês já não eram desafiadoras. Procurei a direção da escola e recomendaram que na semana seguinte eu fizesse um novo exame para ver a possibilidade de mudar para um nível mais avançado.

***

Fiquei dividida entre continuar ajudando John no teatro ou voltar para casa e fazer companhia para Nathalie, mas resolvi rapidamente essa dúvida quando voltei à tarde depois da aula para casa e a vi limpando o jardim. Estava escutando música. Parecia bem. Quando me viu, perguntou como eu estava.

— Estou bem, vim ver você. Vou ajudar um amigo do teatro às 19h.

— Que maravilha! Ocupe sua mente com coisas boas.

— Você está bem, Nathalie? Estou preocupada com você.

— Não fique preocupada comigo. O Richard estava muito doente. Estava sofrendo muito. Ele amava você.

Naquele momento, lágrimas caíram dos olhos de Nathalie.

— Ele estava com câncer no pulmão. Morreu feliz e sem dor.

— Eu também o amava. Nunca percebi nada. Estava sempre alegre. Lembro somente quando ele foi para o hospital um dia.

— Joguei as cinzas dele neste jardim. Ele foi cremado ontem. Era apaixonado por flores.

— Você vai viajar para a Nova Zelândia?

— Vou. Preciso ver meu filho. Ontem, quando liguei para ele, decidimos juntos o que fazer. Seria um absurdo vir da Oceania para enterrar o pai. A vida continua, Júlia. Por isso, viva intensamente cada oportunidade que a vida oferece. Você tem muita sorte de ter seus pais, mas eles não vão viver para sempre, nem você. Muito cuidado com suas escolhas.

Era a primeira vez que via Nathalie emocionada. Estava muito à vontade comigo. Era um momento difícil de sua vida, mas era uma mulher forte e amorosa. Abraçamo-nos e choramos juntas.

***

No teatro, reencontrei John. Estava muito alegre. Achei melhor não falar de Richard com mais ninguém. Já havia sido consolada por Nathalie e não podia trazer um clima *baixo astral* para o ambiente. Meu amigo moraria para sempre em meu coração, e quem tinha que saber disso era eu mesma.

— John, você parece muito feliz.

— Ana e eu marcamos a data do casamento para novembro.

— Parabéns, desejo que sejam muito felizes.

— Muito obrigado. Ainda não decidimos onde a cerimônia será realizada.

— Se for em Londres ou aqui por perto, estarei presente.

— Muito obrigado. Bom, vamos trabalhar. Esta semana temos que terminar as gravações para começar a editar.

Trabalhar com John era fácil e, o melhor de tudo, ele pagava direitinho. Naquele mesmo dia, meus pais ligaram para saber como eu estava, pois não havia telefonado no domingo, como era de costume. Ficaram muito tristes quando contei da morte de Richard, mas falei que continuaria em Londres.

Quando terminei o trabalho com John, já tinha dinheiro suficiente para ir a Paris. Precisava de mais uma *graninha* para voltar de lá. Comecei a questionar sobre a finalidades dos *traveler's checks*, porque era *muita grana*! Primeiro, se eu ficasse doente, poderia contar com a saúde pública. Em que outra situação eu precisaria desse dinheiro?

Na escola, fiz um novo exame e mudei para o último nível do avançado. O curso de teatro havia me ajudado a aprimorar o inglês. Sasha não conseguiu mudar de nível, mas nossa amizade continuava a mesma. Seguimos fazendo planos para Paris. À medida que o mês de julho chegava ao fim, sentia um pequeno aperto no coração, pois Macarena voltaria para a Venezuela. Já estava acostumada com sua presença. Um dia antes de partir, convidei-a para jantar.

***

Macarena ainda tinha uma teoria conspiratória sobre a morte de Richard. Acabei contando a verdade sobre a saúde dele e que havia sido cremado. Ficou horrorizada.

— Então, ele está no jardim da casa?

— Não, Macarena, somente as cinzas, que, com certeza, o vento já levou — falei.

Ela não entendia. Era extremamente católica e conservadora. Já estava falando inglês fluentemente. Já não brigávamos. Ríamos de nossas antigas desavenças. Inclusive, perguntei se tinha sido bom viajar para a Escócia. Ela ficou muito feliz em contar suas histórias.

Quando acordei no dia seguinte, ela já tinha partido para o aeroporto. Não deixou bilhete, nem presente.

— Bom dia, Júlia. Soube que ontem à noite você se divertiu muito — disse Nathalie.

— Foi maravilhoso. Macarena é uma pessoa legal.

— Fico feliz por ter chegado a essa conclusão. E quais são seus planos para agosto?

— Ser feliz em Londres — respondi.

— Você tem que ser feliz em qualquer lugar. Saia mais com os amigos! — disse Nathalie sorrindo.

A ausência de Richard deveria ser difícil para ela, mas esse assunto ficou encerrado no dia em que conversamos no jardim. Cheguei à conclusão de que os ingleses levavam a privacidade muito a sério. Assuntos pessoais jamais deveriam ser tocados sem autorização prévia. Em lugar de julgar, preferi entender o sistema, pois não queria ser inconveniente e causar má impressão.

Na escola, o clima era de festa. Era verão e havia gente do mundo inteiro. Sasha e eu passamos a sair mais, pois ela tinha terminado o namoro com Santiago. Assistíamos às aulas e depois visitávamos museus e galerias de arte. Assim como Sérgio, ela adorava a New Bond Street. Um dia, marcamos de sair todos juntos. Foi num sábado, em meados de agosto. Fazia muito tempo que não via meu amigo português. Não parecia estar bem. Estava ficando gordinho, mas quando Sasha contou que estávamos planejando visitar Paris, mudou de humor. Ficou alegre e pediu para ir conosco. Foi assim que decidimos viajar juntos. Contou que uma das melhores amigas da mãe dele vivia lá e alugava apartamentos por temporadas. Achou que viajar de forma independente era melhor do que ir de excursão pela escola.

**

Sérgio nos convenceu a alugar um pequeno apartamento em Paris. Dividindo pelos três, não sairia caro. Eu utilizaria o dinheiro dos *traveler's checks* para pagar a minha parte. Sasha estava empolgada, pois estava prestes a realizar seu grande sonho. Estávamos eufóricos com a possiblidade de viajarmos juntos.

Com tudo organizado, informei meus pais de que passaria uma semana em Paris, pela escola. Acharam a ideia excelente. Mal sabiam que eu estava mexendo no cofrinho desde a época do curso de teatro. Falei que ficaria em um *Bed & Breakfast*[65] nos arredores de Paris. Tudo para não gerar desconfiança.

Em casa, Nathalie havia parado de receber estudantes. Decidiu vender a casa, pois era muito grande para estar sozinha e, depois que recebeu a notícia de que seria avó, começou a imaginar como seria a vida na Nova Zelândia. Continuei morando com ela. Rezei para que a casa não fosse vendida enquanto eu estivesse em Londres.

---

[65] Hotéis baratos na Europa.

No final de agosto, Sasha, Sérgio e eu embarcamos para Paris. Foi mais barato viajar de avião do que de trem. Compramos uma promoção em uma agência para estudantes. Nunca tinha visto Sérgio tão feliz. O apartamento alugado ficava na Rue Jacob no Quartier Latin. O apartamento era muito pequeno, tinha um banheiro e um quarto com cama de casal e um colchão extra. Sérgio impôs um rodízio. Assim, todos teriam que dormir no horrível colchão extra que ninguém queria ocupar.

Foi ele quem programou tudo. Conhecia bem Paris, falava francês fluentemente. A única coisa que eu não entendia era como ele poderia estar conosco, se tinha que começar a universidade de moda, para a qual estava se preparando há meses para ingressar. Ele simplesmente não tocava no assunto, mas minha curiosidade era maior, e o questionei.

— Sérgio, você passou nos exames?

— Você é muito curiosa, Júlia. Porque você não aprende com a Sasha? Já viu que ela não se mete na vida dos outros?

— Não entendo o que vocês estão falando, mas parecem estar brigando — comentou Sasha, que não entendia nada de português.

— Vamos falar inglês para ela entender. Estou perguntando quando começam as aulas dele na escola de moda.

— Não vão começar. Eu não passei no Ielts, nem no *A Level*. Satisfeita?

— Mas você pode fazer os exames novamente para entrar no próximo ano — disse Sasha.

— Vamos aproveitar estes dias. Depois, ajudo você com os estudos — falei para tranquilizá-lo.

— Então, você vai ter que morar em Lisboa, porque terei que voltar para casa e trabalhar depois desta viagem.

Depois de nossas discussões, decidimos aproveitar o passeio ao máximo.

***

Paris é uma cidade fantástica. Por isso, é tão fácil perdoar a arrogância dos franceses. A cidade estava alegre. Enquanto andávamos em direção ao Louvre, um cheiro delicioso de comida saía dos restaurantes. Compramos uns sanduíches e fomos comer na *Pont Des Arts* no caminho do museu, de onde víamos a Torre Eiffel em tamanho miniatura por causa da distância. Infelizmente, os turistas colocavam cadeados como declaração de amor na estrutura dela. O que leva uma pessoa a usar um cadeado como símbolo do amor? Deve ser o total desconhecimento do senso de liberdade e muito mau gosto.

— Então, meninas, não é um dia lindo? Perto de o sol se pôr, as pessoas se reúnem aqui para beber e conversar — informou Sérgio.

— Adorei a localização do apartamento, e que bom que você conhece bem este lugar. Por que não veio para cá? Por que escolheu Londres? — perguntou Sasha enquanto comia um sanduíche sentada no chão da ponte.

— Porque sou um idiota que sempre escolhe o caminho mais difícil — respondeu ele.

— E agora o que você vai estudar? — perguntei.

— Júlia, você está começando de novo com perguntas. Acho melhor irmos para o museu.

O museu estava movimentado. Compramos as entradas e caminhamos descontraídos pelas obras que estavam ao redor. Sasha ficou decepcionada com Mona Lisa. Achou que o quadro era muito pequeno. Também teve dificuldade em tirar fotos, pois havia uma procissão de turistas que disputavam com ela o espaço. Sérgio fazia rabiscos em um caderninho. Ele realmente gostava de desenhar.

Depois de passearmos por algumas galerias, saímos caminhando até chegar à Avenida Champs-Élysées. Meus pés estavam dormentes de tanto que andamos, mas a cidade era bonita demais. Continuamos caminhando até chegar ao Arco do Triunfo, e Sasha implorou para que subíssemos e tirássemos algumas fotos. A paisagem realmente era interessante.

— Meninas, será que alguém já se jogou daqui de cima? — perguntou Sérgio.

— Que pergunta horrível — comentou Sasha.

— Qualquer coisa, podemos te jogar, se você quiser — falei brincando.

Ficamos rindo, mas Sasha estava hipnotizada, queríamos descer e fazer outras coisas.

— Lá na Ucrânia, o sonho de toda garota é visitar Paris. Estou dentro do meu sonho. Muito obrigada, Sérgio e Júlia, pela companhia.

— O que vamos fazer, depois de sair daqui? — perguntei

— Comer — respondeu Sérgio.

— Ir à Torre Eiffel — disse Sasha.

— Por que não comemos qualquer coisa e vamos à Torre Eiffel? — falei.

— Mas agora vamos de metrô, estou cansado — disse Sérgio.

O metrô de Paris é muito fácil para se movimentar. O único problema é que a gente acaba perdendo a beleza da cidade. Ninguém queria desperdiçar um segundo. Depois que compramos os bilhetes, Sérgio começou a cantar. A voz dele fazia eco no túnel do metrô. Queria dançar, mas me recusei a participar da excentricidade.

— Que música é essa? — perguntou Sasha.

— Chama-se *La Mer*, de Charles Trenet. É a música preferida da minha mãe — respondeu ele.

— O que diz a letra? — perguntei.

— É uma canção de amor. Adoro a melodia e faz com que eu me lembre dela tocando piano. Ela se esforçou muito para me ajudar a ficar em Londres. Foi ela quem me deu dinheiro para estar aqui.

— Um dia, quero conhecê-la. Mas agora vamos aproveitar cada segundo nesta cidade — falei.

***

Quando chegamos à torre Eiffel, compramos ingressos para subir. Lá em cima, a cidade se tornava uma grande maquete. Tiramos algumas fotos e depois descemos. Decidimos voltar para o apartamento. Havíamos perdido o horário do almoço. Assim como Londres, a cidade de Paris tem horário para tudo.

— Podemos comer em um restaurante gostoso e popular que tem aqui perto. E tenho certeza de que está aberto — sugeriu Sérgio.

— E o que eles servem lá? — perguntei.

— Filé com batata frita. Mas, acredite, é muito especial. Andem, meninas, não vamos nos separar. Digam sim, pois é melhor comer filé com todo mundo junto que *foie gras* sozinho.

Concordamos com Sérgio. A fila para entrar no restaurante era enorme. Esperamos cerca de uma hora para conseguir uma mesa para três. Parecia um bom sinal sobre a comida. O filé vinha em um molho de mostarda com manteiga delicioso. As batatas eram muito finas e bem cozidas. De sobremesa, comemos profiteroles. Sérgio tinha razão. A mesa de um restaurante não é lugar para solitários.

No prédio em que estávamos hospedados em Paris viviam outros jovens. Estava acontecendo uma festa no apartamento ao lado. Enquanto isso, trocamos de roupa e nos vestimos ao estilo londrino: bem *casual*. Antes de sairmos, alguém bateu à nossa porta. Sérgio abriu. Era um rapaz muito bonito. Acho que ele avisou que eu e Sasha não falávamos francês, porque logo o estranho começou a falar em inglês britânico perfeito.

— Me chamo Oliver. Sou da Suíça, moro aqui ao lado com meus amigos. Estamos comemorando o aniversário de nossa amiga Marie. Querem celebrar conosco?

— Pode ser, mas temos um compromisso — falei.

— Venham tomar um vinho conosco — insistiu o rapaz.

Foi tudo tão rápido que, quando vimos, já estávamos sentados no sofá dos vizinhos, tomando vinho e rindo. Eram quatro: Marie, Oliver, Patrick e Valerie. Estavam participando de um programa europeu de intercâmbio. Estudavam Direito na escola mais importante de Paris. O apartamento era bem maior que o nosso. Achei interessante Marie dizer que vivia em uma cidade perigosa, pois, na Suíça, estava acostumada a ir de bicicleta de uma cidade para outra, coisa que jamais faria em Paris.

***

Sasha e Patrick se conectaram imediatamente. Sérgio estava louco para ir dançar, e eu também.

— O que vocês vão fazer? Estamos indo para uma boate perto do Louvre. Querem vir conosco? — perguntou Marie.

Nós três concordamos que sim. E que também tínhamos a mesma intenção.

— Mas acho que vocês precisam estar com roupas mais formais. Aqui em Paris é um pouco diferente de Londres — disse Valerie. — Recomendo que não saiam de roupa rasgada, e não usem tênis.

Era exatamente como estávamos. Valerie falou delicadamente e não nos importamos. Fomos até o apartamento. Sérgio foi o primeiro a se aprontar, Sasha e eu ficamos de calcinha e sutiã olhando uma para a cara da outra. Decidi colocar meu uniforme: vestidinho preto com uma sapatilha. Ela prendeu o cabelo e se maquiou: parecia coisa de profissional.

— Na Ucrânia, todas as mulheres sabem se arrumar — disse ela.

E assim fomos para a casa noturna. Realmente, seríamos barrados se não fosse o aviso da Valerie. Ninguém pediu nossa identidade. Sasha estava com sorte.

Dentro da boate, um lugar estava reservado para a aniversariante. Outras pessoas foram chegando e se enturmando. Sasha e Patrick pareciam velhos namorados. Passei a noite dançando com o grupo suíço. Foi muito divertido. Voltei a beber champanhe, pois a companhia de Sérgio me encorajou.

Voltar para o apartamento foi muito cansativo. Não passava táxi. Eram quase 5h30 da manhã. Tivemos que voltar a pé com os vizinhos, com exceção de Sasha e Patrick, que tinham desaparecido no meio da festa. Confesso que me desliguei completamente de qualquer tipo de preocupação e fiquei impressionada ao ver o nascer do sol em Paris. Estávamos cruzando a *Pont Des Arts*.

***

Chegamos ao apartamento muito cansados. Minutos depois, alguém bateu à porta. Era Sasha. Estava com o vestido do avesso.

— Por onde andava? — perguntou Sérgio.

— Onde eu estava? Aqui ao lado escutando música com o Patrick— respondeu sorrindo.

— Você usou camisinha? — perguntou Sérgio.

— Claro. Pensa que sou imbecil? — respondeu Sasha.

Sasha era autêntica e segura.

— Hoje vou dormir e acordar na hora que eu quiser. Não contem comigo para nada — disse Sérgio.

— Também vou dormir, estou cansada — falei.

— Parecem uns velhos. Vou tomar um banho e sair — disse Sasha.

Capotei, não ouvi nem escutei nada. Quando acordei, estava sozinha no apartamento. Já eram 16h. Olhei pela janela e vi o teto de vários prédios. O sol estava brilhante. Lá embaixo, as pessoas caminhavam olhando as vitrines. Queria congelar aquele momento de profunda tranquilidade e alegria. Tomei um longo banho e, quando estava vestindo a roupa, escutei alguém bater à porta: era Oliver.

— Olá, Júlia, queria saber o que vão fazer hoje à noite.

— Não sei, acordei agora. O Sérgio e a Sasha saíram.

— Também acordei há pouco. A festa de ontem foi ótima. Quer sair para comer algo?

— Parece boa ideia, mas a chave do apartamento está comigo. Se eu sair, como vão entrar?

— A Marie vai ficar em casa estudando. Você pode deixar com ela e colocar um bilhete na porta.

— Boa ideia.

Estava com muita fome. Não foi difícil encontrar um lugar para comer, *Saint Germain Des Prés* é cheio de bistrôs e *delicatessens*. Oliver escolheu um restaurante japonês. Não era o que eu queria, mas, por alguma razão que desconhecia, sempre era levada a restaurantes como aquele. Conversamos sobre a vida de cada um. Contou que estava muito feliz em Paris, mas em breve voltaria para a Suíça.

— Ontem, vi que você e seu amigo gostam muito de dançar. Sei de um lugar próximo à Champs-Élysées, muito divertido. O que vão fazer hoje à noite? — perguntou Oliver.

— Não temos nada programado. Podemos voltar para casa e perguntar para eles — falei.

***

Das escadas do edifício, reconheci a voz de Sasha. Estava no apartamento dos suíços, com a porta aberta que dava para ver todos conversando, alguns esparramados no sofá, outros jogados em almofadas pelo chão. Oliver chegou convidando todos para dançar. A resposta foi um grande coro dizendo que sim. Ninguém queria perder um sábado à noite.

— Hoje, podem sair com roupas mais informais. A boate fica em uma área turística, é muito divertido — avisou Valerie.

— Então, posso ir de tênis? — perguntou Sérgio.

— Claro — respondeu ela.

Pegamos dois táxis. Sasha andava de mãos dadas com Patrick. Era uma noite quente e alegre como todas as férias deveriam ser. O único problema foi que pediram nossa identidade. Sasha ficou nervosa e, do seu bolso, caíram a identidade, uma correntinha e outras coisinhas sem importância. Ela foi barrada.

Decidimos caminhar um pouquinho por uma rua perpendicular à Champs-Élysées e encontramos uma enorme fila. Alguns estavam fantasiados. Conseguimos entrar. Não pediram identidade. Estava tocando música anos 80. Compramos tacinhas de champanhe e corremos para a pista. Logo, percebemos que a boate estava repleta de *drag queens*.

No meio da pista de dança, havia alguns minipalcos. Entregamo-nos à fantasia do momento como se fosse um animado dia de carnaval. Ficamos lá a noite inteira. Os suíços estavam alegres, mas somente Patrick permaneceu conosco até o dia amanhecer. Por volta das 5h da manhã, quase bêbados, andamos pela Champs-Élysées. À medida que caminhávamos, parecia que ficávamos mais sóbrios. Pouco a pouco, o dia foi amanhecendo.

Quando já era dia e o Arco do Triunfo estava deslumbrante na paisagem, decidimos tomar café da manhã por ali. É um espetáculo à parte, especialmente no amanhecer de domingo, quando muitos estão em casa e a cidade fica calma e vazia. Parecia um filme, e nenhum de nós queria que acabasse.

Divertir-se também tem como consequência a exaustão. Já era a segunda noite em que não dormia bem, mas em Londres teria tempo para isso. Na verdade, eu nem me lembrava mais da minha vida na Inglaterra, nem no Brasil. Patrick estava visivelmente encantado com Sasha. Fiquei desejando que ela fosse dormir com ele. Assim, eu dividiria a cama com Sérgio, mas ela decidiu ficar conosco. Para evitar confusão, aceitei sem resistência dormir no colchão no chão, apesar de que não era minha vez.

Quando acordamos, já era tarde demais para qualquer programação turística. Na saída, encontramos Patrick nas escadas do prédio. Cumprimentou-nos como velhos vizinhos. Fomos com ele até o *Les Deux Magots*[66], para comer e curar a ressaca. Estávamos sonolentos, porém felizes.

— O que vão fazer amanhã? — perguntou Patrick.

— Amanhã é segunda-feira. Os museus fecham, mas podemos visitar Montmartre ou a catedral de Notre Dame — respondeu Sérgio.

Logo depois que terminamos de nos alimentar, deixamos o local do café, e saímos em direção à catedral de Notre Dame. Caminhamos calmamente pela nave. Patrick não se desgrudava de Sasha um segundo. Ela cochichou discretamente para nós dois que já estava cansada dele, porque era carente e pegajoso. Depois, caminhamos pela *Île Saint-Louis*, onde tomamos uns sorvetes deliciosos.

— Tenho uma sugestão para vocês. Por que não visitam o Bois de Boulogne amanhã? É um parque muito bonito — sugeriu Patrick.

— Para amanhã, acho melhor irmos ao Museu d'Orsay e depois fazer um passeio de *Bateau Mouche*. O que acham, meninas? — disse Sérgio.

---

[66] Popular café parisiense localizado no bairro de Saint Germain Des Prés.

— Quero ir ao parque da Disney — disse Sasha.

— Acho legal visitar o bosque que o Patrick sugeriu — falei.

Todo mundo queria algo diferente, mas estávamos abertos a negociações. A presença de Patrick era indiferente, pois ele não fazia parte do clube. Como tínhamos mais dias em Paris, decidimos fazer tudo o que queríamos. No dia seguinte, iríamos pela manhã ao Bois de Boulonge e depois passaríamos a tarde no Museu d'Orsay. O passeio para a Disney teria um dia exclusivo. Chegamos cedo ao apartamento e tomamos uma bronca de Sasha. Ela queria se livrar do cara, e nos culpava por dificultar a situação.

— Não quero passar meus próximos dias com esse chato. Não gosto de ninguém *no meu pé* — reclamou Sasha.

Ela explicou que tinha sofrido muito em seu relacionamento com o ex-namorado Santiago, porque era ciumento e possessivo, e aquela era uma viagem especial para se divertir e estar livre.

— Por favor, amanhã vamos acordar bem cedo, e saímos sem ele — implorou Sasha.

— Se é o que você quer, é isso que faremos — disse Sérgio.

***

No dia seguinte, nós três acordamos muito cedo e, sem fazer muito barulho, deixamos o apartamento. Pegamos um ônibus em direção ao Bois de Boulogne. O caminho para o parque era belo. Ao chegarmos lá, descobrimos que havia uma grande feira de produtos naturais e nudismo, específicos para a terceira idade. Estava repleto de pessoas idosas, e havia empresas especializadas vendendo produtos para eles. Entretemo-nos assistindo a um vídeo de uma agência de viagem fazendo propaganda de uma praia no sul da Espanha com um monte de vovozinhos pelados. Tínhamos ataques de riso. O problema foi que isso roubou nossa atenção e tempo, pois começou a cair uma chuva torrencial que impossibilitou continuarmos nosso passeio pelo parque. No final, tivemos que pegar um táxi, que foi uma decisão muito cara, e ir para o Museu d'Orsay. O museu era muito distante de onde estávamos. Pensamos ser *praga* do Patrick e das pessoas que nos olhavam aborrecidas ao nosso redor por nossa atitude imatura.

Quando chegamos ao museu, estava lotado. Quem ficou mais empolgado foi Sérgio. Além de tirar fotos, fez rabiscos em um caderninho. Sasha já estava cansada e com fome. Terminamos o dia comendo sanduíches em um lugar qualquer de Paris.

Ao voltarmos para o apartamento, começamos a planejar o dia seguinte. Sasha estava irredutível. Queria visitar a Disney. Sérgio e eu concordamos com ela, pois no dia anterior tinha concordado em atender aos nossos desejos. Antes de dormir, alguém bateu à porta. Levantei-me, abri, e vi que era Patrick.

— Oi, Júlia. A Sasha está?

— Estou dormindo! — gritou Sasha.

— Queria saber se você quer ir ao Bois de Boulogne amanhã? — perguntou Patrick.

Sasha levantou-se, foi até a porta e disse:

— Já fomos pela manhã, foi uma péssima sugestão. Agora já vou dormir, porque amanhã vamos para a Disney. A propósito, você sabe como chegar lá?

— Você pode pegar um ônibus. Vou buscar um mapa para vocês com as instruções.

Poucos minutos depois, voltou com um mapa e deu todas as orientações necessárias para chegar ao parque.

Verificamos que ela tinha razão. Ele era *mala*, e não demorou para surgirem apelidos. Sérgio o comparou ao *burro do Shrek*, lembrando o animal que acompanhava o ogro do filme.

No dia seguinte, a emoção de Sasha estava à flor da pele. Pela primeira vez, comportava-se como adolescente. Foi a primeira a acordar e estava eufórica para conhecer a versão europeia de um dos parques mais conhecidos do mundo. Em um dia lindo de sol, fomos caminhando em direção ao ponto do ônibus que nos levaria direto ao parque da Disney. Quando chegamos, compramos os ingressos e fomos correndo tirar fotos em frente ao castelo da Cinderela. Parecia que estávamos nos Estados Unidos, mas todos se comunicavam em francês.

Naquele dia, todo o esforço que fazíamos para parecermos maduros, seguros e confiantes, dissolveu-se em poucos minutos. Todos viraram crianças e, por termos somente um dia para desfrutar das atrações, levamos um bom tempo discutindo para decidir quais brinquedos eram prioridades. Comemos *hot dog* com queijo cheddar, brincamos na *space mountain*, visitamos a casa dos horrores, pedimos autógrafos para o Mickey. O passeio se encerrou com o tradicional desfile noturno e um espetacular show de fogos de artifícios.

— Achei que ir à Disney em Paris foi o melhor passeio de todos os dias — disse Sasha dentro do ônibus, voltando para o apartamento.

Não disse nada, porque tinha perdido a voz de tanto gritar, mas achei que ela tinha razão e fiz que sim, balançando a cabeça. Percebi que Sérgio pensava o mesmo, mas era muito orgulhoso para concordar com ela.

***

Ao voltarmos para o apartamento, senti um pouco de tristeza, pois o dia seguinte seria de muitas despedidas, não somente de Paris, como também porque tanto Sérgio quanto Sasha partiriam para seus países de origem assim que chegássemos a Londres. Apesar das maluquices e conflitos de ideias, era muito bom ter amigos como eles.

O intercâmbio é uma experiência importante na vida de um jovem, mas quando você gosta de alguém, dói muito dizer adeus. Conversamos um pouco antes de dormir e fizemos planos para nos reencontrar em um futuro não muito distante. Isso seria mais ou menos em 10 anos, porque daria tempo para nos tornarmos adultos independentes, conceituados e com estilo próprio.

O dia seguinte amanheceu belíssimo, com direito a passarinhos na janela. Como o voo para Londres era às 21h, tínhamos tempo para visitar algum museu e caminhar. Sérgio sugeriu o *Centro Pompidou*, mas ao chegarmos, estava fazendo muito calor. Não suportamos ficar mais 30 minutos no edifício que parecia um enorme sistema de tubulação da pia da cozinha de uma casa.

Depois, caminhamos muito e fomos novamente para a Champs-Élysées, onde compramos CDs na Virgin Megastore. Voltamos de táxi para o apartamento. Bati na porta dos suíços, mas não havia ninguém. Talvez fosse melhor assim. Depois de arrumar tudo, deixamos as chaves debaixo do tapete, conforme havíamos combinado com a locatária.

Da janela do táxi, via a bonita paisagem de Paris e despedia-me com os olhos. O trânsito estava lento. Por isso, chegamos atrasados. Quase perdemos o avião. Em Londres, foram inevitáveis as despedidas. Pensei que voltaria para meu quartinho em Crouch End, retomaria as aulas e faria novas amizades, mas bem diferentes daquelas que tinha ao meu lado.

— Júlia, quero um abraço bem forte — disse Sérgio.

Eu o abracei e comecei a chorar. Não conseguia me controlar, respirei bem fundo.

— Vou sentir muitas saudades de você — falei.

— Nossa, não sabia que você gostava tanto de mim. Não chora, Júlia, você pode me visitar.

— E vocês, não vão sentir saudades de mim? — perguntou Sasha.

— Vamos! — respondemos.

Nós três nos abraçamos. Foi um momento difícil. Eu sentia saudades antes de eles partirem.

— Tenho que ir buscar minhas coisas e voltar bem cedo para *Heathrow*. Cuidem-se. — disse Sasha.

Assim a vi pela última vez. Restaram Sérgio e eu no aeroporto.

— A que horas sai seu voo? — perguntei.

— Daqui a pouco. Tenho que fazer o check-in. Mandei minhas tralhas pelo correio antes de ir a Paris. Me liga, Júlia, para dizer qualquer coisa. Agora me abrace forte e depois vá embora. Estou ficando triste.

Abracei Sérgio com muito amor. Depois, fui andando na direção do metrô. Já era tarde da noite. De repente, escutei a voz dele gritando meu nome de longe. Virei e ele disse:

— *Júlia! Remember my name!*

Era sua maneira de dizer para não me esquecer dele. Respirei fundo e gritei com toda força a continuação da canção com que vibramos no teatro:

— *Fame!*

Virei as costas e fui chorando para casa. Tentava controlar as lágrimas, mas não conseguia. No metrô, havia muitas pessoas, mas me senti confortável para estar em prantos, pois era o mesmo que estar sozinha. Esse jeito indiferente dos ingleses às vezes é bastante conveniente, principalmente quando você está com a cara inchada e o nariz escorrendo de chorar.

Quando cheguei em casa, Nathalie estava dormindo. Entrei sem fazer barulho. Meu quarto estava bem arrumado e havia lírios em um vasinho. Era a maneira dela de dizer que se importava comigo. No dia seguinte, acordei bem cedo. Minha semana de aula já começaria na quinta-feira. Estava cheia de entusiasmo, apesar das emoções do dia anterior. Quando desci as escadas, Nathalie estava escutando música clássica na cozinha enquanto arrumava a mesa do café da manhã.

— Júlia, que alegria ver você!

Fui abraçá-la imediatamente.

— Seus pais ligaram. E disseram estar preocupados com você. Melhor você ligar agora para o Brasil. Foi boa a viagem?

— Maravilhosa. Pena que meus amigos já terminaram o intercâmbio.

— Você conhecerá outras pessoas. Mudando de assunto, a casa ainda não foi vendida. A imobiliária disse que deve demorar um ano para vender, pois é muito cara. Mesmo assim, marquei minha viagem para a Nova Zelândia.

Confesso que fiquei feliz com a notícia. Não que eu desejasse mal para Nathalie. Pelo contrário, já não saberia viver em Londres sem ela.

Quando liguei para casa, levei a maior esculhambação da minha mãe. Estava furiosa comigo, pois eu havia passado muitos dias sem dar notícia.

— Lá em Paris não existe telefone, *Júlia Ribeiro*? Você sabe usar direitinho a ligação da Embratel quando precisa.

— Mãe, desculpa, a viagem foi ótima. Tenho que ir para a aula agora. Lembrei muito de vocês, até chorei de saudade — aí ela ficou sensibilizada e me mandou ir para a aula.

***

No caminho para a escola, decidi que faria o exame de proficiência em língua inglesa. Precisava saber o nível do meu inglês. Para isso, estaria disposta a me concentrar novamente nos estudos. Londres estava cinzenta e um pouco fria. A coisa mais chata da cidade era quando o céu ficava escondido atrás das nuvens escuras. Pior quando chovia o dia inteiro. Sempre odiei guarda-chuva.

O interessante foi que os poucos dias em Paris tinham trazido consequências. Já começava a sentir muita saudade do Brasil e da minha casinha, onde eu tinha mais espaço e liberdade. Viver na casa dos outros, como acontece no intercâmbio, é um grande aprendizado, mas nunca é a sua casa. Sentia saudade de abrir a geladeira e ficar olhando tudo o que tinha dentro. No Brasil, sempre que queria relaxar, era só abrir a geladeira. Outra coisa estranha que não podia fazer na Inglaterra era ser muito emotiva. Sempre gostei de beijar e abraçar todo mundo, mas lá isso não é muito normal. Além de tudo, depois de muitos meses no exterior estudando, você sente saudade de ser você mesma, pois não quer ser estrangeiro. Tenta se portar como todo mundo, mas no final você tem um montão de regras e códigos a seguir.

A escola estava repleta de novas caras. Como estava viajando, tive que me apresentar para o grupo, que me surpreendeu por ter muitas pessoas maduras. Perguntei na diretoria da escola como poderia fazer o exame de inglês chamado Ielts. Fui informada de que a inscrição era feita na própria Blue School e, caso minha nota não fosse boa, poderia fazê-lo novamente em três meses.

Fui a uma livraria e comprei alguns livros para estudar sozinha. Vinham acompanhados de CDs. E assim começou minha preparação para o exame. Meu objetivo era fazer o exame no início de novembro. Foi uma nova rotina que surgiu no intercâmbio. Depois da escola, voltava para casa para estudar. Fiquei um pouco triste quando meu professor disse que eu deveria fazer um curso específico para o exame, mas decidi seguir minha intuição e estudar sozinha. Ninguém estava cobrando aquele teste de mim. Eu mesma havia decidido fazê-lo.

Um dia, recebi um telefonema de John convidando-me para seu casamento. Conversamos durante duas horas por telefone. Perguntei sobre Lorenzo Rizzo e John disse que ele havia se mudado por tempo indefinido para Nova York. Eu até iria ao casamento dele, mas a cerimônia seria na Islândia. Esse povo com dinheiro é mesmo maluco. Fiquei imaginando a noiva com roupa tipo de esquimó. Foi a última vez que nos falamos.

Quando o mês de outubro chegou, comecei a arrumar minhas coisas. Foi Nathalie quem me aconselhou a fazer isso. Realmente, em nove meses minha bagagem tinha duplicado. Eram livros, bichinhos de pelúcias, CDs, roupas. Comecei a despachar pelo Fedex. Era mais barato do que pagar excesso de bagagem. Pouco a pouco, o quarto foi ficando somente com o essencial.

Depois de tantos meses, já não era a mesma. Lembrei de quando era criança e fechava os olhos percorrendo o mundo em um mapa imaginário: Nova York, Londres, Los Angeles e Paris eram cidades muito próximas, separadas pelo simples desejo de estar nelas. Tudo o que havia desejado realmente aconteceu, não exatamente como nos sonhos, mas muito próximo de ideias impossíveis que se tornam realidade. Desejar com muita força tem poder.

Londres pode ser uma cidade grande, mas às vezes parece pequena. Um dia, encontrei Grace no metrô. Disse-me que já estava no primeiro ano de Design Industrial, mas senti que estava esnobe e com ar de superioridade. Convidou-me para sair. Falei que ligaria para ela. Obviamente, estava mentindo.

Em meio à rotina de estudos, um dia decidi telefonar para Sérgio. Quem atendeu foi a mãe dele.

— Sim, sei quem está falando. Meu filho gosta muito de você, Júlia.

— Muito obrigada, senhora, estou com saudades dele.

— Está muito doente, internado em uma clínica.

— O que ele tem? — perguntei.

O telefone ficou mudo.

— Alô, senhora, está aí? Está me escutando?

— Júlia, o Sérgio tentou suicídio. Tomou comprimidos para dormir.

— Não pode ser. Fomos para Paris juntos e ele parecia estar bem. Nunca pensei que ele pudesse fazer isso. Uma vez ele contou que tinha tentado...

— Ele luta há muitos anos contra sérios problemas de anorexia nervosa e depressão.

— Sinto muito. Não sabia. Ele é muito especial.

— Reze por ele e ligue quando quiser. Em breve, ele estará em casa.

Fiquei muito triste depois que falei com a mãe de Sérgio. Eu o admirava porque era rebelde e lutava pelos seus sonhos. Era evidente que tinha recebido boa educação. Os pais devem ter investido muito em escolas de qualidade. Talvez por isso lutasse tanto para ser livre, mas, no final, acho que era muito cobrado para ser um garoto convencional. Um dos piores males humanos é não aceitar as pessoas como elas são. Pobre Sérgio!

***

Na escola, marquei o exame para o início de novembro. Assim, poderia saber a nota antes de voltar para o Brasil. O mês de outubro foi dedicado exclusivamente ao estudo do Ielts, mas não deixou de ser divertido, pois a sala de aula ficou animada com a presença de Fernando. Era um argentino de 26 anos, muito comunicativo, que transformava as aulas de inglês em uma grande festa. A amizade surgiu naturalmente dentro das atividades da sala de aula. Contou que era dono de uma agência de viagens em Buenos Aires e havia sido convidado pela Blue School para conhecer as instalações e professores, era uma viagem de negócios.

Apesar de minha rotina de estudos, conversar com ele na hora do intervalo era uma maneira de distrair-me, e diminuía a pressão que impus ao decidir fazer o exame de proficiência. Passei a sentir muita falta de meus amigos que haviam ido embora. E quando olhava os corredores da escola, comecei a questionar-me quando os veria novamente. Gostar das pessoas deixa saudades independentemente do tempo em que elas estão em nossa vida. Na verdade, depende da intensidade daquilo que dividimos com elas.

Ao contrário da maioria das pessoas da escola, Fernando não vivia com uma *host family*. Contou que morava em um apartamento alugado. Conversávamos muito na hora do intervalo. Porém, às vezes ele ficava muito irritado, como uma criança mimada, principalmente quando eu dizia: *mentira, essa história não pode ser verdade*. Era minha maneira cultural de dizer que estava impressionada, mas ele entendia como uma ofensa. Nem tudo que traduzimos da língua original, *ao pé da letra*, para o inglês funciona, e levamos tempo para entender isso.

Sua agência era uma empresa de família muito lucrativa e que lhe permitia divertir-se pelo mundo sozinho ou como guia turístico de grupos de pessoas. Fernando tinha modernizado a empresa incluindo programa de intercâmbio estudantil e viagens exclusivas que envolviam retiros espirituais, práticas de yoga e meditação em lugares exóticos do México, Jamaica e Estados Unidos.

— Acho que essa *exclusividade* é bem estranha — comentei, após ouvir seus conhecimentos sobre turismo.

— Há turistas que querem viajar para não encontrar outros turistas. Esse mercado é especial — explicou ele.

Recebi vários conselhos, dentre eles escolher uma profissão de que eu realmente gostasse, porque, segundo ele, trabalhar exigia, além de dedicação e disciplina, muito prazer. Parecíamos velhos amigos, sensação que tive diversas vezes com outras pessoas no intercâmbio, pois a possibilidade de estar com estranhos sem compromissos e responsabilidades da vida real cria situações de espontaneidade e indiferença por detalhes da vida alheia. Ele já tinha feito o Ielts e recomendou que quando eu tivesse dificuldade em memorizar uma palavra deveria realizar três processos: olhar a palavra nova e reproduzi-la no papel; em seguida, reproduzir a palavra enquanto a falava em voz alta; e, terceiro, escrever e falar a palavra ao mesmo tempo utilizando a memória. Não sei se tudo isso era uma superstição, mas ajudou-me a memorizar corretamente vários verbos e adjetivos.

Gostei de escutar suas histórias pitorescas, que eram muito bem contadas, como o dia em que deu de cara com um urso em Yellowstone, ou quando nadou com arraias e tubarões nas Maldivas.

— Você realmente deu de cara com um urso? — perguntei curiosa durante uma de nossas aulas.

— Foi assustador. Era estudante em Buenos Aires e ganhei uma bolsa para fazer estágio em Yellowstone. Estava andando pela floresta quando dei de cara com o urso.

— E o que você fez? — perguntou curioso o professor.

— Eu tinha sido treinado para esse tipo de situação, mas, acreditem, nunca pensei que informações dessa natureza fossem úteis. Fiquei parado e, quando o urso começou a aproximar-se de mim, comecei a fazer barulho e a grunhir como um bicho, ele foi embora.

Fernando começou a imitar um animal selvagem. Não demorou para aparecer o diretor da escola, Paul, e outras pessoas para saberem o que estava acontecendo.

— Fernando, ainda bem que você vai embora amanhã — falei para a turma inteira ouvir.

— Por quê? — perguntou Fernando.

— Porque vamos voltar a ter aula, seu vagabundo!

Fernando e a turma inteira caíram na gargalhada de forma incontrolável.

Adorei conhecê-lo e suas peripécias pelo mundo.

***

No dia primeiro de novembro de 2003, fiz os exames do Ielts. Foi uma experiência interessante. Não foi fácil, mas senti que podia tirar uma boa nota. Meu objetivo era tirar 7. Depois desse dia, resolvi relaxar nos estudos e aproveitar minhas últimas semanas em Londres.

À medida que dezembro se aproximava, percebi que a escola ficava mais vazia. Era estranho e solitário.

Nathalie se preparava para viajar para a Nova Zelândia. Estava feliz e ansiosa.

Os dias estavam mais frios e mais curtos, voltei a frequentar Hampstead Heath nas horas livres. As caminhadas combatiam a melancolia que o inverno traz e me ajudaram a manter o peso.

Certo dia, perdi a noção do tempo e, voltando de Kenwood House, percebi que teria que cruzar o parque na escuridão. Caminhei muito rápido, e fiquei feliz ao ver as luzes da rua que se aproximavam. Quando consegui alcançar a calçada e os postes que iluminavam a região com moradias, senti um alívio. Porém, depois de alguns segundos, alguém tapou meus olhos com as mãos. Em seguida, alguém segurou minhas pernas e outra pessoa segurou meus braços.

Foi tudo muito rápido, não tive tempo para raciocinar.

Imediatamente comecei a gritar, mordi a mão de um deles, que deu um soco no meu nariz. Sacudia meu corpo com toda a força instintivamente. Começaram a me arrastar pela mochila, que estava presa às minhas costas, em direção ao parque.

De repente, uma pessoa apareceu gritando e os garotos saíram correndo.

— Você está bem? — perguntou o jovem.

Não conseguia falar nada.

— Sempre digo para minha namorada não andar sozinha à noite. Este parque é perigoso neste horário.

A namorada dele chegou e me levantaram.

— Muito obrigada, você é meu anjo — falei soluçando.

— Precisamos chamar a polícia — disse o rapaz.

A polícia chegou e pediu para descrever os assaltantes.

Eu não lembrava da cara deles. Só sabia que usavam moletom e bonés.

— Vamos levar você para casa.

O casal que me salvou foi embora. Já tinham cumprido sua missão.

Quando cheguei em casa, para minha surpresa, Nathalie estava na porta de entrada. Ficou desesperada quando me viu saindo do carro da polícia.

Faltavam duas semanas para eu ir embora e não podia voltar para o Brasil com essa história triste, que poderia ter sido evitada.

— Júlia, o que aconteceu?

Eu a abracei e chorei igual a uma criancinha.

— Ela estava caminhando perto de Hampstead Heath quando três garotos tentaram assaltá-la — disse o policial.

— Sou uma idiota, Nathalie. Faço tudo errado.

— Por que você não conta o que aconteceu?

— Tenho vergonha.

— Não tenha vergonha. Sou sua amiga. Júlia, querida, não fique assim.

— Não sabia que aqui era perigoso — disse soluçando.

Não foi fácil, mas eu precisava desabafar, contei desde o início.

— Todos os lugares têm seus perigos. Crescer não é fácil. Não se ponha para baixo. Use esta história como lição para saber cuidar melhor da sua vida. Você teve muita sorte. Pare de chorar. Chegou uma correspondência para você. Está na cozinha.

— Preciso que ela entre na viatura para tentar achar os moleques. Estamos tendo assaltos na região. Você pode fazer isso? — perguntou gentilmente o policial.

Entrei no carro, fomos até a área do assalto. Tentei encontrar os rapazes, mas não lembrava do rosto de ninguém. Todo mundo que usava moletom poderia ter sido um dos garotos. Achei melhor voltar para casa.

Na cozinha, havia um envelope de tamanho médio. Tinha o endereço da universidade em que fiz o exame de Ielts. Abri e fiquei surpresa com a nota 7,5.

— Nathalie! Tirei 7,5.

— Isso é bom?

— É uma nota muito boa.

— Parabéns, ponha seu espírito para cima.

— Vou à escola somente para pegar meu certificado. Não quero mais assistir às aulas.

— Faça o que achar melhor. Você já estudou muito.

— Será? Eu também me diverti muito.

— Não se cobre tanto. Você precisa parar de fazer isso. Tem apenas 18 anos. Lembre-se de que este momento é único. Você nunca terá esta idade novamente. A vida adulta é cheia de cobranças.

— Nathalie, eu te amo.

Meus olhos e os de Nathalie se encheram de lágrimas.

— Também te amo, Júlia. Vou sentir saudades.

Capítulo 10
De volta para casa

Com Nathalie e Richard, descobri que amizade verdadeira é como uma benção. Você pode não ter um milhão de amigos, mas pode ter dois ou três com quem possa contar, principalmente nos momentos complicados. Eu os amava e os admirava mais do que muitas pessoas com quem havia convivido minha vida inteira. Mesmo após a morte de Richard, Nathalie continuou adorável e fazendo planos para o futuro. Não deixou de sonhar e de se cuidar. É muito bonito ver uma pessoa *envelhecer* sem rancor, distribuindo bons conselhos aos mais jovens e amando cada segundo da vida, mesmo diante das adversidades.

No dia seguinte, fui à escola no horário em que todos estavam na sala de aula. Assim, eu não corria o risco de falar sobre o assunto da noite anterior, sobre meu nariz estar inchado e um dos olhos estar levemente roxo. Fui até a secretaria e pedi meu certificado. Contei a história para ela, porque ficou assustada ao ver meu rosto.

Disse que não participaria das últimas semanas porque havia antecipado meu retorno para o Brasil. Rapidamente, imprimiram um documento com assinatura digital. Depois de 10 meses estudando na escola, recebi um papel bem medíocre que não tinha nem a assinatura real de uma pessoa. Antes de ir embora, andei pelos espaços que havia frequentado. Lembrei-me de Sakiko, de Paolo, das mexicanas, de Sérgio e outras pessoas que, em pouco tempo, haviam transformado de alguma maneira minha vida e que agora fariam parte do meu acervo de memórias. Lembrar deles era como ativar flashes na cabeça. Fechava os olhos e lembrava de tudo. É incrível como o intercâmbio pode contribuir para o amadurecimento de um adolescente. É um processo intenso de desconstrução e reconstrução.

Saindo da escola, na rua, parei um *black cab* e pedi que me levasse para perto da estação Knightsbridge. O motorista me deixou próximo ao *Hyde Park* e fui caminhando, olhando para os prédios e para as flores. Tudo parecia estar do mesmo jeito quando cheguei a Londres, mas eu sabia que a grande mudança estava dentro de mim. Observei a maneira apressada e indiferente de andar das pessoas. Quando cheguei em frente à Harrods, entrei na loja, escolhi um perfume para minha mãe e outro para meu pai. Vi que meus sapatos estavam gastos e comprei um par de tênis. E para me despedir dessa fase especial de minha vida, fui para a área de alimentação cometer o pecado da gula. Comi tudo o que tinha vontade. Gastei quase todos os *traveler's checks*. Para que guardar dinheiro se o dia de amanhã é tão incerto?

Não saber a diferença exata entre o que é ser adulto e não deixar transparecer a criança que vive em nós é um conflito constante para um adolescente. Isso nos torna admiradores daqueles que são o que aspiramos ser, e que muitas vezes procuram ocultar aquilo que imediatamente reconhecem em nós. A ingenuidade que o tempo leva com os dissabores da vida. No caminho para Crouch End, pensei que um ciclo de minha vida estava terminando. Aquele constrangimento que eu sentia quando me perguntavam sobre o futuro desapareceu. É normal não termos explicações. Pode parecer uma sensação muito ruim quando as pessoas perguntam a respeito do futuro e a única resposta que vem à cabeça é: *não sei*. Mas isso nos motiva a descobrir nosso próprio caminho.

A incerteza faz parte da vida. Porém, as experiências vividas ajudam a diminuir as chances de erros e escolhas equivocadas. O intercâmbio é uma ótima oportunidade para desenvolver o autoconhecimento, crescer e aceitar as próprias limitações. Educa e conscientiza as responsabilidades individuais. O que diferencia um lugar desenvolvido de um lugar atrasado é a forma como nos respeitamos mutuamente e cumprimos nossos deveres. É um excelente momento para construirmos nosso próprio *manual de sobrevivência* e termos nossas próprias escolhas do que é certo ou errado.

Quando cheguei à casa dos Petters, senti certa melancolia, pois eu teria saudades da minha rotina em Londres. Mesmo que retornasse a esta linda cidade, nada seria como nos meus 18 anos, quando o intercâmbio me fez entender que o mundo não era perfeito e que ser um adulto bem resolvido envolve relacionar-se bem com as próprias frustrações e cometer muitos erros. Tive a sensação de que estava abandonando parte de mim e isso, com certeza, não seria a primeira vez na vida, pois ela estava apenas começando.

Estava pronta para voltar para casa.